Gabriele Hülsmann

Lieben im Jetzt

Die Heilung der weiblichen Sexualität

Widmung

Für die unendlich große Liebe in mir und in dir!

,Gott erschuf deinen Körper, weil er sich nicht nur im Geist erleben wollte'.

Cover: Gestaltung Jonas Hülsmann
Titelfoto: Xenia B.
Satz, Umschlag, Herstellung und Verlag:
Lulu.com

© 2011 by Gabriele Hülsmann, Lulu Autor.
ISBN: 978-1-4477-9406-6

Inhalt

Vorwort

Bist du glücklich, zufrieden und 'satt' in deinem Liebesleben? Hast du das Gefühl innerlich und äußerlich zu wachsen, wenn du an Sexualität und Liebe denkst? Ja? Dann gratuliere ich dir von Herzen und du brauchst dieses Buch nicht zu lesen. Liebe! Sei glücklich! Befruchte dein Umfeld mit dem, was aus der Liebe erwächst. Das ist das Größte was du sein kannst!

Oder gehörst du zu der weit größeren Anzahl von Menschen, die spüren, dass das, was sie in ihren Beziehungen erleben, schon lange nicht mehr als Liebe bezeichnet werden kann? Wenn es dich oder deinen Partner verletzt, was ihr Lieben nennt, dann ist es an der Zeit neu hinzuschauen, denn, du hast völlig recht, das ist keine Liebe. Du musst nicht warten, bis dein Körper eine sogenannte ,Unpässlichkeit' zeigt. Erkenne die Hintergründe deiner Vorwände und dann entscheide neu.

Sei ehrlich, was bewegt dich wirklich dazu dieses Buch zur Hand zu nehmen?

Soviel vorab: Dies ist kein pornographisches Buch. Hier wirst du keinen Sex in der üblichen Weise beschrieben finden. Es ist auch keine Gebrauchsanweisung für neue Praktiken. Doch wenn du dich danach sehnst, in einer er-WACH-senen glücklichen Beziehung zu leben, die euch beide satt machen wird, dann werden dir hier Einblicke gewährt werden in die Welt der Liebe im JETZT aus der Sicht einer Frau, die ihre intimsten Erfahrungen mit ihrer Freundin teilt.

Ist es nicht letztlich die ,Hohe Schule der Liebe', die wir alle in jeder sexuellen Vereinigung anstreben? Wenn du das suchst, dann erfährst du hier, wie leicht das möglich ist – wie nah du diesem Ziel jederzeit bist und was du tun, oder besser SEIN kannst, um diese Liebe in deiner Beziehung zu leben.

Einleitung

Wer lange genug sucht,
immer dabei bleibt,
niemals aufgibt,
der findet, was er sucht!
Ich suchte nach mir
und fand die Liebe!

Fühlst du dich in letzter Zeit oft unzufrieden und traurig - fragst dich, was du eigentlich wirklich in deiner Beziehung suchst? Hast du im Moment keinen Partner, keine Partnerin an deiner Seite und sehnst dich nach der, dem Richtigen – nach einer wahren Liebesbeziehung?

Lebst du in einer Beziehung und seit einiger Zeit kommt sie dir öde, langweilig und leer vor? Schaust du nach anderen Partnern, erhoffst dir endlich wieder einen Moment, einen 'Kick', in dem du dich lebendig fühlst?

Wie wäre es, Schmetterlinge im Bauch zu haben, endlich wieder verliebt zu sein? Ja, das wäre jetzt schön! Du erinnert dich an viele Augenblicke in deinem Leben, in denen du geschwebt bist, die Welt umarmen wolltest, verliebt warst und glaubtest, nie wieder landen zu müssen. Deine Füße berührten den Boden nicht mehr, das Leben war so leicht, nichts konnte dich aus der Bahn bringen. Du warst mit dem Leben eins.

Und dann, irgendwann, hat die Erde dich endlich wieder – der Alltag beginnt. Du hast es nicht einmal gemerkt, doch nun schaust du dich um, fragst dich: 'Wo ist sie nur die Liebe, die ich so mochte, die mich so beflügelt hat?' Du schaust deinen Partner an oder deine Partnerin und fragst dich: Wer ist der Mensch, mit dem ich mein Leben teile? Wir sind schon lange zusammen, doch ich kenne ihn/sie gar nicht mehr.

Auf dem Weg durch den Alltag hast du so viele Träume verloren und nun?! Ja, was ist nun? Aufgeben? Eine neue Verliebtheit suchen? Doch

11

wie lange wird das anhalten? Wie viel Zeit hast du noch für einen Neubeginn? Wann wirst du hier die Zelte abbrechen müssen und wie schaust du dann auf dein Leben?

Das sind keine Fragen, die sich sehr junge Menschen stellen. Deshalb ist dieses Buch für Menschen, die nach dem Sinn suchen, dem Sinn des Lebens und dem tieferen Sinn der sexuellen Begegnung zwischen zwei Menschen. Letztlich ist es die Begegnung zweier Gegenpole, die die wahre Liebe erwachen lässt, welche eine Beziehung zur 'Energietankstelle' und Quelle der Heilung werden lässt.

Auch Trennung hast du immer wieder in deinen stillen Träumen durchdacht und vielleicht sogar auch den ein oder anderen Versuch gestartet, dich aus der Enge deines Lebens zu befreien und bist ‚fremd' gegangen – hast von anderen Speisen gekostet, doch auch sie haben dich nicht wirklich gesättigt.

Ja, was ist es nur, was dich treibt und letztlich keine wirkliche innere Befriedigung und Sättigung bringt? Überall Fragezeichen? Wo sind nur die Antworten auf all das, was dich bewegt?

Du wirst sie bekommen und staunen, wie nah dein Glück ist!

Das Glück liegt im Schoß einer jeden Frau!

All diese Gefühle und Gedanken, Versuche und Niederlagen habe auch ich in meinem Leben erfahren. Heute weiß ich es: Mich trieb und zog ausschließlich der Hunger nach Liebe!

Die Liebe rief mich erst leise, doch dann immer drängender, bis ich sie letztlich fand – in mir selbst! Und genau dort hatte ich sie nicht gesucht, nicht einmal vermutet.

Ich suchte sie in den Armen der Männer in meinem Leben und erwachte immer wieder mit dem Schmerz, dass ihre Berührungen zwar meinen Körper in Schwingung bringen konnten, doch nicht meine Seele dauerhaft berührten. Die uns bekannte, männlich erdachte Form der Sexualität war es nicht, die mich wirklich füllen und meine Seele strahlen lassen konnte. Ich wollte die Männer lieben, jeden einzelnen, doch ich wusste einfach nicht wie. Bevor ich im Herzen erblühen und sie wahrhaft lieben konnte, waren sie schon in meinem Schoß gestorben und mir war nicht verständlich warum das so war.

Dieses Wissen und meine Erfahrungen, die ich auf meinem Erkenntnisweg sammelte, möchte ich mit dir teilen, damit auch deine Suche ein Ende hat.

In Briefen, die eine Frau an ihre Freundin schreibt, werde ich dich mitnehmen auf eine spirituelle Reise in das Land der grenzenlosen Liebe, dem wahren Grund für die sexuelle Vereinigung zwischen Mann und Frau.

Bist du eine Frau, dann ‚fühle' die Briefe. Ich schreibe sie direkt an dich, an deine Seele! Du hast genau wie ich alle weiblichen Anlagen in dir und wirst dich durch mein Erhellen des Weges an die wahre Liebe und damit an deinen spirituellen Auftrag erinnern. Lass uns leben, wozu wir hierher gekommen sind: LIEBEN, genau JETZT! Letztlich ist es das Heilmittel, welches unseren Planeten, unsere Gesellschaft und wir selbst am Nötigsten brauchen.

Weibliche Führung beginnt in unseren Schlafzimmern. Es wird Zeit, dass wir aufwachen und diese zu wahren ‚Tankstellen des Lichts und der Liebe' machen.

Lieber Freund,

bist du es, der dieses Buch liest, dann lade ich dich ein, mich zu begleiten. Mir über die Schulter, ja durch das besagte ‚Schlüsselloch' zu schauen, das dir zeigen wird, was eine Frau tief in ihrem Inneren fühlt und wie sie von dir berührt werden möchte. An einigen Stationen werde ich zu dir sprechen, nicht weil ich weiß, was Männer fühlen, sondern weil ich dir die Sprache der Frauen verständlicher machen möchte.

Lerne dabei, die Zeichen deiner Partnerin richtig zu deuten und höre auf darüber zu phantasieren, was Frauen mögen, oder gar wirklich wollen könnten. Selbst wenn du sie danach fragst, werden sie dir nicht die gewünschten klaren Antworten geben. Nicht weil sie es nicht wollen, sie können es nicht in der Weise, wie du es gerne hören möchtest, denn die Sprache des Herzens ist eine andere, als die Fragen, die aus dem Verstand heraus gestellt werden.

Gib es vor dir selbst zu: Du weißt es auch nicht, was Frauen brauchen und wünschen, besonders in der Sexualität, denn du bist keine Frau! Du hast dein Bestes gegeben und doch war es nicht immer genug. Noch mehr Anstrengung, noch mehr von dem, was du bisher getan hast, verändert allerdings nicht die Tatsache, dass es immer noch das Gleiche ist!

Sei einfach nur du, so wie du gedacht bist: Ein Mann! Wenn du dir nicht sicher bist was das bedetuete, so suche dir männliche Vorbilder, die das leben, was du dir wünschst und lerne von ihnen. Das ist das Schönste womit du uns Frauen beschenken kannst. Du musst nicht verstehen oder analysieren. Frauen wissen es tief in sich, wie die Liebe fließt. Wenn du dich ihr und ihrem Körper anvertraust, von ihr führen lässt, dann werdet ihr beide den Himmel auf dieser Erde erleben. Das Paradies, welches du suchst, hat deine Eva in ihrem Schoß! Ist es nicht das, was du seit eurer Vertreibung aus demselben so sehr begehrst – mit ihr paradiesischen Sex zu haben?

Liebe im JETZT ist keine angenehme Pflicht! Liebe im JETZT ist die Kür, die zeigt, wo und was wirklich möglich ist in einer Begegnung zweier Liebender.

‚Führt' dich deine Partnerin nicht in der Weise, wie du es hier erlebst und gerne umsetzen möchtest, dann lies dieses Buch gemeinsam mit ihr, oder bitte sie darum, dir zu sagen was sie fühlt und wann sie deine Liebe tief in ihrem Innern spürt. Sie wird sich erinnern und dich mit ihrer Liebe beschenken, wenn du sie in dieser Weise ansprichst und wach küsst. Lass ihr Zeit und habe Geduld. Wenn sie sich sicher fühlt und dir vertrauen kann, wird sie einen Weg finden, dich an ihrem

Innersten teilhaben zu lassen. Ihr beide lernt, in einer transparenten Form miteinander zu kommunizieren.

Doch es wird auch Frauen geben, die noch nicht den Mut für solch eine offene und zutiefst ehrliche Begegnung haben. Sie wissen einfach noch nicht was sie, tief in ihrer Weiblichkeit wünschen. Viele von uns spüren, dass ihnen etwas fehlt, doch nur wenige können benennen, was sie im jeweiligen Augenblick möchten. Die Angst, den alten Verletzungen zu begegnen, ist hier noch größer, als der Wunsch etwas zu erleben, was zur Heilung führen wird. Euer gemeinsames Hinschauen und Gehen des Weges, wird es heilen.

Ich bin sicher, alle Frauen werden erwachen, wenn du sie entsprechend geduldig begleitest. Alles was ich hier schreibe, ist in jeder Frau zu finden. Allerdings bedarf es der richtigen Zeit und braucht Geduld, ein altes Muster abzulegen. So wie auch die Knospe bis zur Blüte dem Betrachter eine Wartezeit abverlangt und die Raupe ihre Zeit benötigt um zum Schmetterling zu werden, so dauert es auch, bis eine Frau in ihrer Weiblichkeit erwacht. Du wirst es spüren, wenn sie beginnt dich zu führen und aufhört dir blind, oft lustlos zu folgen. Fühle sie, sie ist ein Teil von dir und schau ihr dabei in die Augen!

Nicht mehr, nicht weniger. Möchtest du das? Dann folge mir! Sei einfach offen für das Neue und ich werde dich einweihen in die wahre Liebe und Wünsche einer, ja vielleicht sogar deiner Frau.

Wisse: Wir beide, du – MANN - und ich – FRAU -, sind dafür geschaffen worden, einander zu lieben und uns zu vereinen – JETZT. Daraus erwächst Leben, nicht nur in Form von gemeinsamen Kindern. Geistige Kinder gebären wir beide in jeder Vereinigung. Übernehmen wir nun endlich die Verantwortung für das, was wir da erschaffen. Wie siehst du das? Ich lade dich dazu ein!

Liebende sind Engel mit nur einem Flügel! Wenn sie einander umarmen, dann können sie fliegen – viel höher, als du es dir vorstellen kannst. Wenn du das Herz deiner Geliebten berührst und es zum Strahlen bringst, wird es sich mit dem Deinen verbinden. Ihr beginnt zu stahlen, heller als jede Sonne.

Liebe Freundin,

doch nun zu dir und mir. Du hast mich gebeten, nicht nur darüber zu sprechen, sondern dir zu schreiben, damit du es jederzeit lessen und noch eine weitere Perspektive einnehmen kannst. Wenn Fragen auftauchen, an welcher Station des Weges auch immer, dann spreche ich zu dir und erhelle deinen Weg mit dem Licht meiner Erfahrung und meines Erkennens. Ich gehe neben, nur einen Schritt entfernt von dir. Das tue ich sehr gerne und ich wünsche dir von Herzen, dass auch in deinem Leben wieder die LIEBE die Richtung vorgibt, die du und dein Partner gehen werden.

Ich sehe dein Herz, meine Liebe!

Deine Freundin –
eine Tochter, Mutter, Frau, Geliebte, Liebende, Göttin, Große Mutter
– eine Königin der Nacht

Warum so schwülstig?

Mach' dir keine Gedanken über den Weg,
das Leben kennt immer eine Abkürzung!

Liebe Freundin!
Lieber Freund, dieser Brief ist vor allem an dich!

Die Sprache, in der ich schreibe, erscheint dir vielleicht manchmal etwas schwülstig, pathetisch, sonderbar. Bilder von König und Königin, Märchenfiguren, Analogien zu alltäglichen Ereignissen, Bibelgleichnisse, Begriffe aus einer fernöstlichen Sprache, alles scheint wild durcheinander gemischt und du fragst dich, warum ich genau in dieser Weise mit dir schreibe?!

Die Ratgeber, die du kennst, erteilen dir klare Anweisung, Praktiken, Techniken – Du kannst etwas TUN. Hier ist es anders, es geht darum es innerlich zu ,sehen', zu fühlen und damit zu SEIN.

Ich schreibe zu dir aus meiner Seele. Das ist die Ebene in uns, die träumt. Und wie es mit den Träumen im Schlaf ist, sind sie mehr oder weniger verständlich für den Intellekt. Die Seele spricht nicht aus der Ratio, sie ,bildert'.

Worte, die in deiner Seele Bilder erzeugen können, die berühren dich, versetzen dich in Stimmung. Das kann positiv aber auch negativ sein. Du kennst das aus deinen Phantasien, deinen Tagträumen wie beispielsweise über eine perfekte Beziehung, richtig guten Sex, doch auch immer dann, wenn du Angst bekommst und dir negative Erinnerungen anschaust.

,Lieben im JETZT' ist der Weg vom Körper über die Seele zum Geist! Eine sexuelle Vereinigung zweier Menschen strebt in ihrer höchsten Form eine Rückbindung an die Schöpfung an. Sie die Kür der Verbindung mit der großen LIEBE, letztlich mit Gott – ,dessen was wir nicht benennen können'.

Wer keine Rückbindung an das Geistige, das vom Verstand ‚Unnennbare' hat, der verhungert auf der Seelenebene. Die Seele liebt und lebt durch Bilder, Märchen, Symbole, Träume. Hindert man einen Menschen am Schlafen und damit auch am Träumen, wird er sterben. Das zeigt, wie wichtig es für den Seelenfrieden ist, zu träumen. So dient eine bildhafte Sprache der Heilung deiner Seele.

Liest du diese Briefe wie eine Gebrauchsanweisung für Sex im Alltag, dann werden sie dir unrealistisch erscheinen und dich sogar langweilen. Lässt du die Bilder in dir lebendig sein und gehst mit, tauchst ein, in der Weise, wie du ein Märchen liest, dann können sie dir Wegweiser und Türöffner zur großen Liebe in der Sexualität sein. Es ist ganz einfach, auch wenn es dir nicht immer leicht fallen wird.

Gefällt dir die Sprache nicht, dann ist das kein Problem. Ich spreche oder diskutiere hier nicht mit deinem Verstand. Die Seelenebene versteht trotzdem, um was es geht, so wie in den Märchen. Manche Bilder verstehen wir erst viel später, dann, wenn die Zeit reif dafür ist. Du wirst es spüren, wann es in deinem Leben an der Zeit ist, alte und verletzende Umwege zu verlassen und den Weg der Liebe im JETZT zu gehen. Das kann der Moment sein, in dem du mit deiner Sexualität in der herkömmlichen Weise nicht mehr zufrieden bist und dir mehr Tiefe und Erfüllung wünschst. Dann ist es an der Zeit, deine Seele zu erlösen und dir wieder der höheren Bestimmung der Schönheit und der Macht eurer Vereinigung bewusst zu werden.

Die Macht der Möse

‚Worte zerstören, wo sie nicht hingehören.'

Liebste Freundin,

allein die Überschrift dieses Briefes an dich, ‚Die Macht der Möse', zeigt mir, wie stark auch ich von dieser Krankheit befallen bin. Der Krankheit ‚Sex', die mich so oft zu einer ferngesteuerten, liebeshungrigen Furie, zur Hydra, zur Domina, zur männerfressenden Gottesanbeterin, einer Femme Fatale hat werden lassen.

‚Sex' was ist das eigentlich? Was ist an ‚Sex' besser als an Eins, Zwei, Drei, Vier, Fünf, Sieben, Acht, Neun, Null? Wir alle glauben an ein Paradigma und wissen nicht einmal, warum das so ist. Wie klingt das Wort ‚Sex' in deinem Herzen, in deinen Ohren? Wie klingt das Wort ‚Liebe'? Ich gestehe dir etwas: Ich mochte die Worte niemals, die wir nutzten, um sexuelle Liebe zu benennen. Wir ‚machten Liebe'! Gibt es das denn wirklich? Können wir sie wirklich MACHEN? Oder war sie immer schon da?

Es wird gefickt, gepimpert, gepoppt, gebumst, gevögelt und was noch alles. Sind wir so wenig kreativ, die schönste BERÜHRUNG des Lebens in solchen Worten zu verpacken – ich schreibe bewusst nicht: die schönste SACHE der Welt, denn ist es nicht mehr als eine ‚Sache', wenn wir uns vereinigen?

Wir sprechen mit den Worten, die wir unseren Tieren gegeben haben und sind verwundert, dass einfach keine Liebe in unserem Schoß und unseren Herzen Einzug halten will. Möchtest du, dass dir dein Liebster an die ‚Titten' geht? Dass er dir deinen ‚Arsch' tätschelt wie einem Hund? Dass er deine ‚Muschi' süß oder gar niedlich findet? Willst du seinen ‚Schwanz' haben, der auch nicht mehr darstellt, als der von einem Stier oder eines Hengstes? Von ihm mal so richtig ‚durchgefickt' werden, dass er es dir ‚macht', bis du ‚kommst'..... wohin eigentlich? In seinen Stall der unerotischen Worte? Du erkennst, das alles sind

‚männliche, Macherworte'. Wie würdest du, wenn du die weibliche Seite einbringen wolltest, eure Liebe benennen wollen?

Hören wir doch endlich damit auf! Wissen wir nicht schon lange, dass wir ernten was wir sähen?! Worte sind pure Energie. ‚Am Anfang stand das Wort....' so heißt es doch in unserem heiligen Buch. Warum dann nicht Worte wie kostbare Perlen formen und verschenken am Tag des großen Festes, an dem wir unsere Liebe mit unserem Liebsten ‚TEILEN' möchten - mitteilen, dem Schönsten, dem wir im Leben begegnen können, unserem Partner!

Ausgerechnet unsere ‚Mutter-Sprache' hält so viele harte Worte für uns bereit. War es wirklich unsere ‚Mutter-Sprache'? Oder war es eine ‚Vater-Sprache' auf die wir uns geeinigt haben, weil wir es alle nicht besser wussten? Ist das wirklich das, was du in den schönsten Momenten deines Lebens hören möchtest? ‚Fick mich?' Also ich möchte das nicht! Es klingt nicht nach dem, was in mir lebendig ist, wenn ich im Herzen mit einem anderen Menschen verbunden bin.

Als ich vor Jahren mein erstes Buch über fernöstliche Liebesweisen geschenkt bekam, da hörte und las ich zum ersten Mal Worte, die in meinem verwundeten Herzen Freude aufkommen ließen. Mein ‚Fotze', (ein Begriff der laut Wikipedia in vielen Teilen Österreichs gleichbedeutend mit dem Begriff ‚Ohrfeige' verwendet wird - wie klug sind diese Österreicher!), wurde in diesem Buch und in seinen Worten zu einer ‚Yoni' und der ‚Schwanz' meines Partners wurde ein ‚Lingam'. Welch eine Erholung für meine Ohren und mein Herz. Ich verliebte mich in diese Worte, nichts Trennendes war mehr zu spüren und meine Yoni konnte gar nicht genug bekommen von dieser schönen Art berührt und angesprochen zu werden. Wir ‚teilten' unsere Liebe, wenn wir uns sexuell vereinigten. Aus zwei Sternen wurde eine einzige Sonne, die alles erhellte um uns herum. Welch eine Freude!

Der weibliche Körper ist ein Tempel, der den Lingam des Mannes nur zu gerne empfängt – wie klingt das für dich, meine Liebe?! Ungewohnt, ja, kann sein – du kannst wählen, was dir gefällt. Wichtig ist, dass du wählst und nicht ungefragt alte Paradigmen bedienst, Worte nachsprichst wie ein Gebet, welches seine Wirkung und Konsequenz hat, immer! Höre auf, Worte zu sprechen, die dir vielleicht schon lange nicht mehr die Erfüllung bringen, die du dir tief in deinem Herzen wünschst.

In der Zwischenzeit habe ich viel experimentiert, geprüft, gefühlt, gesprochen, geschrieben und hier ist die Essenz in meinen Briefen an dich! Es geht um Liebe im JETZT. Nein, keine Gebrauchsanweisung im üblichen Sinn und auch kein Kurs, den du mit anderen, dir fremden Menschen besuchen musst. Kein Seminar welches dir mehr Offenheit abverlangt, als du bereit bist auszuhalten. Keine Gruppe fremder Menschen, deren Energie du noch nicht einschätzen kannst. Wenn du diese Erfahrung trotzdem sammeln möchtest, dann tue es. Mir ist die Vereinigung von einem Mann und einer Frau so heilig, dass ich sie nicht mit jedem teilen möchte. Du ‚musst' nichts, du ‚darfst alles', was dir gut tut. Doch wie schwer genau das ist, wird dir bei genauerem Hinspüren deutlich werden. Immer wieder will die männliche Sexualität bedient werden und besonders alte Phantasien drohen dich aus dem JETZT zu locken. Sei wach, meine Freundin, ich werde dir zeigen, an welchen Stellen die Gefahren lauern.

Wir beide, du und ich, führen hier ein Gespräch unter Freundinnen, die sich ihre tiefsten Geheimnisse erzählen - so, wie wir es immer schon getan haben – auf der Venus. Achte auf dich und nimm nur so viel von meinen Worten in dir auf, wie dir im jeweiligen Moment gut tun. Alles was du Gutes für dich tust, tust du für alle Frauen und die ganze Welt, du wirst es erleben. Teile es mit deinen Freundinnen und eine Zeit der Liebe steht uns unmittelbar bevor.

Damit du erkennen kannst, was mein Herz bewegt, wo meine Verletzungen lagen, werde ich ein wenig in der Zeit reisen und dir beschreiben, was ich in den letzten Jahren erkannt und geheilt habe. Mögen dir meine Worte Wegweiser und Impuls sein, hin zu mehr Liebe zwischen dir und mir, zwischen Mann und Frau, zwischen Mensch und Gott!

WIR SIND HIER, UM ZU LIEBEN!

nicht mehr, aber auch nicht weniger – das ist unser Geburtsrecht, ja, unser Auftrag! Bringen wir die Liebe in die Welt, du und ich, alle ‚Yoni's' dieser Welt und alles wird heilen – du wirst es spüren und erleben.

Habe Mut, liebe Freundin, es ist viel einfacher als du glaubst!

Der Schlüssel

Es ist nicht wichtig, wen oder was du liebst,
es ist wichtig, dass du liebst!

Liebe Freundin!

Heute möchte ich dir von dem Buch schreiben, welches mich vor Jahren so tief beführt hatte. Es heißt: ‚Sexuelle Liebe auf göttliche Weise' von einem Mann namens Barry Long.

‚So, so, wieder ein Mann, der mich lehren will, was Liebe ist – wie müde macht mich das mittlerweile. Was hat Sex mit Gott und Liebe zu tun?!' – ich wusste es tief in mir, doch verstand es einfach nicht. ‚Na, schauen wir mal, was er zu sagen hat', so meine Gedanken, als ich es bekam. Ich begann zu lesen und konnte das Buch nicht mehr aus den Händen legen.

‚Am Anfang der Zeit, als die Welt gerade entstand, war der Zustand von Mann und Frau völlig anders. ..... Vor ungefähr 12000 Jahren waren die individuellen Körper von Mann und Frau ständig von einer herrlichen goldenen Kugel oder einem Heiligenschein umgeben. Vom Solarplexus ausstrahlend, breitete er sich sichtbar bis über den Kopf aus, bis in den Boden hinein und über die ausgestreckten Arme hinaus. Der Schein der Frauen war von einem etwas tieferen Gold als der der Männer. Aber beide hatten dieselbe blendende, edle und wunderschöne Qualität.

Die Frau war reine Liebe der heitere, passive Pol menschlicher spiritueller Liebe auf der Erde. Der Mann, der aktive und positive Pol, war auch Liebe, aber nicht die reine Liebe im gleichen Sinn. Seine Liebe war die reine Autorität – das maskuline Prinzip als Beschützer der Liebe oder der Frau auf der Erde. Er bzw. seine Liebe waren verantwortlich dafür, dass die goldene, göttliche Qualität in der Liebe zwischen Mann und Frau erhalten blieb. Die Brillanz ihrer Lichtkreise reflektierten jederzeit die Intensität und Reinheit dieser Liebe.

Ihr körperliches Lieben war ekstatisch. Die so erzeugte göttliche Energie war so mächtig, dass die Lichtkreise ihrer Körper nach dem Liebesakt mit unglaublicher Pracht leuchteten. Dieser aus sich selbst leuchtende Schein spiritueller Liebe, der in

23

beiden durch körperliche Vereinigung erzeugt wurde, war der Ausdruck ihrer göttlichen irdischen Natur. Denn am Beginn der Zeit waren Männer und Frauen Götter, und sie erhielten die Bewusstheit und ihrer Göttlichkeit, ihre Zeitlosigkeit, aufrecht, indem sie sich göttlich körperlich liebten.

Der Heiligenschein, die goldene Energie, war ihre Art der Kommunikation, gleich, ob sie zusammen oder getrennt waren. Seine Ausdehnung ging weit über die sichtbare Grenze hinaus, und jeder war durch ihn in ständiger, ungestörter Verbindung mit dem anderen, in Schweigen und Stille, im gemeinsamen Bewusstsein reiner Liebe: Gott.

Wenn einer der beiden Glorienscheine neue Energie benötigte, zog es Mann und Frau zueinander und sie ,machten' Liebe, machten Gott. Als die einzigen beiden bewussten, physischen Pole der Liebe auf der Erde erhellten und regenerierten sie sich gegenseitig. Er erweckte ihre Liebe zu neuem Leben, während sie seine Liebe und Autorität erneuerte. Die Kommunikation zwischen ihnen war so perfekt, dass es der Sprache nicht bedurfte. Die Sprache entwickelte sich mit der Zeit. Sie entwickelte sich, als Männer und Frauen begannen, das Lieben zu vergessen und sich in Zeiten zu verlieren, wo sie anderes taten, nämlich die Welt zu erbauen.

So vergaßen Männer und Frauen, wie sie immer sie selbst sein können, und als sie es versäumten, sich göttlich körperlich zu lieben, verlor ihr Glorienschein und ihr Bewusstsein die goldene Verbindung zu Gott. Sie mussten über den sich zwischen ihnen entwickelnden Abstand hinweg beginnen zu sprechen. Und dann entstanden aus der Distanz des Sprechens Mißverständnisse und Emotionen. Als die Zeit oder Lieblosigkeit in die Körper von Mann und Frau eindrang, ersetzte die Sprache die Unmittelbarkeit und Fülle der Liebe. Das Vokabular wuchs immer weiter an. Statt Liebe zu sein, erklärten sie: „Ich liebe dich.". Und sie ersetzten die Liebe durch viele Worte.

Die Intensität des Glorienscheines blieb bei einigen Menschen länger als bei anderen erhalten. Aber als die Zeit und die Vergangenheit in jedem zunahm, wurden die Dinge unerbittlich schlechter. Innerhalb von ein paar tausend Jahren hatten die meisten Männer und Frauen völlig vergessen, wie man liebt und wie man Liebe IST. Obwohl sie scheinbar den gleichen körperlichen Akt vollzogen, waren sie unfähig, göttliche Energie freizusetzen oder zu erneuern, oder sich selbst als lebende spirituelle der Liebe, als das Zeitlose, zu personifizieren. Ihre Körper waren nicht mehr in Liebe verbunden, sondern durch Zeit und Emotionen. Aus reiner Liebe

24

machten sie emotionale, fordernde Liebe und statt spirituell erleuchtete Kinder zu erzeugen, erzeugten sie emotional abhängige Kinder.

Die Frau war jetzt verwirrt und ständig unzufrieden. Der Mann, der jetzt seine Autorität verloren hatte, war nun mit ihr ungeduldig. Und im Versuch, einen Ersatz für seine verlorene Autorität zu finden, wurde er zu einem permanent aktiven und unruhigen Wesen. Da er keine Autorität mehr hatte, die Frau zu kontrollieren, benutzte er seine überlegene körperliche und ökonomische Stärke, um sie in eine untergeordnete soziale Position zu zwingen, vor allem indem er die Liebe zu ihren Kindern ausbeutete. Das machte sie so rasend, dass es die Furie ins Leben rief, die – so lange es die Zeit gab – nie sein Unrecht und seine Besudelung der Liebe vergessen und vergeben würde.

Der menschliche Wettlauf, der Wettlauf in die Zeit, hatte begonnen.'

Sollte es wirklich wahr sein?! Da gab es einen Mann, der verstand, der erspürt hatte, was in all den, bis dahin vergangenen, unbefriedigten Jahren in meinem Schoß verborgen lag. Seine Worte öffneten eine lang verschlossene Tür in mir und ich ließ sie in mich hinein, nahm wahr, wie etwas heilte. Ein ganz kleiner Teil, der bis dahin geglaubt hatte, nie wieder lebendig sein zu dürfen, erwachte. Was passierte hier mit mir?

Er schrieb über den Schoß der Frau, so als wäre er dort gewesen, hätte erfahren, worin der Schmerz der Frauen liegt, warum die Liebe nicht fließen kann, wenn wir den uns so bekannten Weg der Verletzungen gehen. Ja, er ist ein Mann, doch er ist einer, der es gefühlt hatte, der erfahren hatte, was die Vereinigung zwischen Mann und Frau für ein Geschenk der Freude und Liebe sein kann. Meine Aufmerksamkeit war geweckt! Ich las weiter.

Er sprach die Männer direkt an und ich konnte neben ihm gehen, seinen Worten folgen, erleben, in welcher Weise er aussprach, was auch ich schon geahnt und erlebt hatte.

‚Sei nicht so streng mit den Männern!' war mein Gedanke, der sich immer wieder Raum nahm. Doch er tat es in klarer, offener Weise, ließ nichts aus, erwähnte alles. Es war kaum auszuhalten für mich, ihm dabei zuzusehen, doch er war ein Mann, musste es wissen, wie Männer miteinander reden und ich ging mit ihm durch das ganze Buch.

Am Ende musste ich mir eingestehen: So deutlich hätte ich es mit meinem angepassten, braven Frauenherz niemals formuliert. Hatte ich doch gelernt, immer Verständnis für den ,armen, unverstandenen Mann' an meiner Seite zu zeigen, ihn scheinbar zu lieben und ihm alles zu gewähren, wonach er bedurfte, ihm gelüstete. Hatte meine Beine breit gemacht und meinen Schoß zur Verfügung gestellt, für all seinen Stress, seine Sorgen, seine Lust, seine Samenergüsse, die mich nicht wirklich erreichen, geschweige denn mit Liebe füllen wollten.

Liebe Freundin, lies selbst das Buch von Barry Long und erlebe, wo und wie es dich berührt. Du findet einen Literaturhinweis im Anhang.

Lieber Freund!

Der Körper einer Frau ist auf ,Empfang' programmiert. Das ist ihre Natur. Sie empfängt ALLES was du ihr an Geschenken, Gedanken, Stress, Schmerz, Frust mitbringst. Sie nimmt es nicht in ihrem Kopf, im Verstehen auf, nein, sie speichert es in ihren Energiezentren, in ihrem Schoß, in ihren Brüsten, ab.

Die Folgen kennst du sicher schon, sie wird trocken, der Saft der Liebe fließt einfach nicht mehr aus ihr heraus. Ihr Schoß lässt sich nicht mehr erweichen, ohne dass ihr mit Tricks und Spielsachen nachhelfen müsst. Ihre Brüste spannen, tun weh und wollen nicht liebkost werden. Am Ende hast du eine ,frustrierte, quengelnde, zeternde Furie' neben dir, die dir deinen so schwer erarbeiteten Freierabend zur wahren Hölle machen kann. Sie schreit, tobt und das sogar ohne einen ersichtlichen Grund. Du hast doch wirklich alles getan und das ist dann der Dank?! Ja, du hast das alles mitgebracht, bei ihr abgeladen und nicht gewusst was du ihr und dir damit angetan hast.

Das ist die Ernte all der Samen, die du bei ihr ausgespuckt hast, ohne die heilende Kraft der Liebe in ihr zu entfachen. Die Liebe hätte sie und dich geheil(ig)t. Dazu ist die Liebe in der Lage.

Es geht hier nicht um Schuldzuweisungen. Du hast es gebracht und sie hat es genommen – ihr beide wusstet es einfach nicht anders. Doch damit kannst du jetzt aufhören.

Du hast allen Grund dich wieder daran zu erinnern, was deine wahre Aufgabe ist! Es ist nichts Geringeres, als in ihr die Liebe zu entfachen!

Die neue Ernte wird dir gefallen, endlich Frieden in dir und ihr. Eine Frau ohne Liebe verhärtet und kann sich nicht selbst befreien. Es ist deine Aufgabe, ihr zu dienen und dabei zu helfen, die Quelle der Liebe wieder in ihr zum Sprudeln zu bringen.

Doch vorher musst du ihr mit deinem Herzen begegnen und nicht mit deinem Schwanz! Bevor dieser kein wahrer Zauberstab geworden ist und sich ständig in den Vordergrund drängt, werdet ihr im Kampf miteinander liegen. Dein Schwert, ihr Blut, ein wahrer Kreuzzug, in dem ihr beide auf dem Schlachtfeld der gegenseitigen Vorwürfe unbefriedigt sterben werdet - keine Vereinigung im Königreich der Himmel. Welch eine Verschwendung all der schönen Schöpfungskraft........

Der Fluch der Hydra

Wir Frauen sind Engel!
Und, wenn man uns die Flügel bricht,
fliegen wir eben weiter....
auf einem Besen!
Verfasser unbekannt

Liebe Freundin!

Der ‚Fluch der Hydra' ist die Sammlung aller Gefühle in dir, die dich immer wieder über die Furie hinauswachsen lassen. Auch für dich ist es schrecklich. Du hast Angst vor der Zeit vor dem Eisprung, vor deiner Menstruation, vor allem, was diese Kraft in dir entfacht und alles zerstört, was ihr so mühsam in den Phasen dazwischen aufgebaut habt. Es gibt so viele Auslöser und bei jeder von uns kann es unterschiedlich sein, was die Hydra weckt. Wenn ich dich frage, dann wirst du mir sagen können, was es ist, was dich so sehr verletzt und immer wieder diesen Teil in dir aktiviert. Was dich, besonders durch IHN ausgelöst, immer wieder in den Abgrund der Zerstörung stürzt.

Es kann dir helfen zu wissen, dass es bei uns allen mehr oder weniger so ist. Die Hydra in uns ist all der Schmerz, den wir aufgenommen haben. Es sind die Verletzungen, die du erlebt hast von Kindheit an. Es sind auch all die Verletzungen, die du bei den Frauen in deinem Umfeld wahrgenommen hast. Als Kind gab es keinen Verstandesfilter, der dir hätte sagen können, dass das nicht alles deine Schuld ist. Du hast es gespürt, warst ganz im Gefühl, hast es gespeichert in deinem Körper der Emotionen. Alles, was in deiner Erbanlage an Informationen zur Verfügung gestellt wurde, beinhaltet den Schmerz aller Frauen, die vor dir da waren. Das ist die Hydra in dir, in allen Frauen.

Jede Frau hat eine andere Schmerzgrenze. Einige bleiben äußerlich 'brav' und haben gelernt, ihren Schmerz wohl formuliert zu artikulieren, bei anderen, ist die Explosionsgefahr sehr hoch und sie reagieren auf den feinsten Ausschlag der Waagschale. Dazwischen finden wir alle Stufen der Wut.

Warum ist das so? Ich weiß es nicht! Doch es geht darum, wenn wir es erkennen, dann können wir anfangen die Hydra zu erlösen. Wir wissen, dass sie da ist, unberechenbar, jederzeit kampfeslustig und unerbittlich mit ihrem Feindbild, den Männern. Sie glaubt, diese sind Schuld an ihrem Schmerz und sie will nicht eher ruhen bis sie Erlösung findet. Ja, in ihrer Wut ist sie sogar bereit IHN zu vernichten – doch was bleibt dann, liebe Freundin?! Wir sind wieder alleine, ohne das, was wir so sehr lieben, den Mann, unsere Sonne, unseren Spiegel! Er kann uns bescheinen mit Liebe und das wird unser Herz wärmen. Warum also vernichten, was uns letztlich heilt?!

Wie können wir zur Besänftigung der Hydra beitragen, ja was braucht sie auf dem Weg zur Heilung? Wir können lernen, sie anzunehmen, dass sie da ist, uns nicht schlecht fühlen, wenn sie aus uns herausgebrochen ist und wir wie von Sinnen waren. Du nicht aufhören konntest, weil er dich einfach nicht verstehen, berühren konnte oder wollte. Vielleicht wollte er es, doch er wusste so wenig wie du was er hätte tun können. Wenn du nach einem emotionalen Ausbruch böse auf dich bist, dann gibst du der Hydra nur weiteres Futter und sie hat wieder einen neuen Kopf gewonnen. Schlage ihn ab und du wirst es erleben: Gewalt gegen dich selbst, erzeugt noch mehr Gewalt. Besonders, die Art, wie du über dich denkst, nährt die Hydra. Fühle es und schau, ob das für dich noch erstrebenswert ist.

Alles, was wir ins Licht der Bewusstheit rücken, das wird heller und erlangt letztlich Erleuchtung. Der Mythos berichtet es. Der Kopf der Hydra muss ins Licht (der Erkenntnis) gehalten werden. Es ist gut, es zu wissen und aufzuhören, für alle Frauen, die vor dir verletzt wurden, kämpfen zu wollen. Eine von uns muss damit aufhören, dann können alle aufhören. Da es einigen von uns schon gelungen ist damit aufzuhören, ist dieser Weg auch für dich bereitet. Vertraue darauf, es wird heilen! Wenn die Liebe fließt, dann wird jeder Schmerz verschwinden und du erblühst in all deiner Schönheit. Die Königin in dir erwacht!

Lieber Freund!

Wie kannst du die Hydra in ihr bändigen?

,Das ist einfach', denkst du? Na, sei vorsichtig mit der schnellen Antwort. Wie oft hast du versucht die Furie in ihr zu bändigen, hast geschrien, erklärt, geschwiegen, bist gegangen. Versuch' es nicht einmal! Es ist wie der Kampf mit einer Hydra. Hast du ihr mit einem Argument den Kopf abgeschlagen, tauchen an dieser Stelle zwei neue auf. Sie will das nicht! Es gibt nur eine Möglichkeit die Hydra zu besänftigen: Halte sie ins Licht. Sie möchte nur eins, dass du ihr Herz mit Liebe füllst.

Und wie sollst du das MACHEN?!

Falsche Frage! Du kannst es nicht ,machen'. Du kannst aber bei ihr SEIN, sie anschauen, dir für sie Zeit nehmen, ihr wirklich zuhören – mit dem Herzen, nicht mit dem argumentierenden Verstand – still sein, sie sehen, sie hören, nicht das was sie vordergründig schreit, sondern worum sie dich im Hintergrund bittet, nämlich, dass du sie in den Arm nimmst, bis sie aufhört zu zittern, ihr Herz ruhig wird, heilt und sich ihre wahre Kraft entfalten kann. Sie ist eine Königin und der König in dir kann sie wecken, halten, mit sich nehmen....

,Wie im Märchen', denkst du?! Nein, viel schöner: Wie im wahren Leben!

'Geht nicht', gibt es ab heute nicht mehr für dich! Sei geduldig mit dir und mit ihr. Alles was du denken kannst, ist lebbar, du findest den Weg durch ihre Dornen, ich werde ihn dir zeigen. Sie erwartet dich bereits voller Sehnsucht. 100 Jahre Schlaf sind eindeutig lange genug.

Einige Männer sind diesen Weg schon gegangen und weißt du was sie erleben?! Ja! Den Himmel, das Paradies auf Erden in ihrem Schoß. Das erwartet auch dich!

Die Verletzung

Das Schöne im Schönen zu sehen, bedeutet Trennung.
Das Schöne in allem zu sehen, das ist Liebe.

Meine liebe Freundin!

Den ‚Mann' zu fragen, was ich TUN kann, damit ER mich liebt und ich mich endlich auch lieben kann, darin lag die Verletzung gegen mich selbst. Ein Umweg, der mich sehr viele Jahre meines Lebens in die Irre geführt hat.

Als kleines Mädchen hatte ich den Papa angeschaut, gelächelt und gefragt: Hast du mich noch lieb? Er hatte geantwortet: 'Ja, wenn du brav bist, dies und das tust.' Und was tun brave Mädchen?! Du hast es auch getan, immer und immer wieder, liebe Freundin, du hast versucht, seinen Wünschen gerecht zu werden, ihm zu gefallen, ihm zu dienen, in all dem, wovon du glaubtest, dass er dich nur mehr lieben würde. Warst gut in der Schule, still in seiner Nähe, hast gelächelt, wenn er endlich, zwischen all seinen wichtigen Terminen, nach dir schaute. Bist sogar oftmals in Konkurrenz zu deinen Geschwistern gegangen, auf der Suche nach seiner Liebe. Seine Liebe war Mangelware und sie zu bekommen, dafür hättest du alles getan.

Anstrengend wurde es, als seine Wünsche nicht mehr mit dem übereinstimmten, was dir und mir gut tat. Wir waren nicht mehr authentisch, wir fingen an, uns seinen Wünschen unterzuordnen und hörten auf zu wachsen. Wie alt waren wir da? Ja, ich weiß, sehr jung!

Tun das Frauen, die geliebt werden wollen? Ja, das tun sie, immer und immer wieder, sie verraten sich selbst und ihre Seele.

Das ist alles lange her und wir wussten es nicht besser. Heute ist ein neuer Tag und wir haben die Möglichkeit ein anderes Bild zu kreieren. Lass uns damit aufhören – ich weiß einen Weg, komm folge mir, einer Frau wie du eine bist!

Nicht ER hat das getan, hat daran die Schuld, wenn du es so formulieren möchtest. Du selbst hast es getan, warst einverstanden, lange bevor der Verstand eingreifen konnte. Wusstest es ja nicht besser. Da war keine Frau, keine Mutter, die dich hätte führen können – dir hätte zeigen können, was es heißt eine kraftvolle Frau zu werden. Auch sie war noch darin gefangen, dem Mann gefallen zu wollen und seine Wünsche zu erfüllen. Niemand ist schuldig. Wir alle haben Fehler gemacht und das kann korrigiert werden.

Wir haben uns angestrengt und verkauften unsere Liebe an die Wünsche der Männer. Darin, meine Freundin, liegt unsere Verletzung. Bist du jetzt traurig darüber? Ja? Dann stimme dem zu. Weine all die Tränen, die sich Raum nehmen möchten. Ich bin bei dir und wir schauen jetzt gemeinsam hin, damit die Wunden endlich ans Licht kommen und heilen können. Diese Tränen werden dein Herz wieder befreien von all dem Schmerz über das, was du niemals mehr gespürt hast:

Die erfüllende Liebe, auch und besonders in deinem Schoß, dem göttlichen Quell für Leben!

Der Irrgarten

An dem, was du findest,erkennst du, was du gesucht hast.

Liebste Freundin!

Deine und auch meine Fragen waren: Wie soll ich nur lieben? Wie werde ich geliebt? Was kann ich TUN?

Darin, meine Freundin, liegt der Irrtum! Du kannst nichts TUN. Dein Schoß ist dafür geschaffen zu empfangen und nicht dazu, etwas zu TUN, zu machen, zu handeln. So haben wir auf die Männer in unserem Leben geschaut und wollten wissen, was wir nur tun könnten, damit wir gute, liebevolle, zufriedene, glückliche, kraftvolle Frauen werden. Wir haben unserem männlichen Anteil im Spiegel die Führung überlassen. Wir wollten verstehen, wollten ein ,Standbild' ein ,so-ist-es', woran wir arbeiten können und haben damit das, was weiblich in uns ist, verraten, vertrocknen lassen – wir kannten es nicht anders.

Die Liebe IST immer und überall, sie muss nichts TUN! Wir sind geboren, um diese Liebe durch uns fließen zu lassen – das ist wahres Dienen, ein Dienst an und für die Liebe.

Unser ganzer Körper, unsere erogenen Zonen sind immer auf Empfang ausgerichtet. Sie sind so fein abgestimmt auf alle Schwingungen um uns herum, dass wir spüren, wo Liebe fließt und vor allem, wo sie fehlt. Wir nennen das Empathie. Naturgemäß fällt uns dieser Zugang etwas leichter als den Männern. Unsere Aufgabe ist es, die Welt zu heilen, ja wir sind daran beteiligt sie zu heiligen und haben alles in uns, was Heilung bringt.

Empfangen wir ein Signal, dann steigt die Liebe in uns, fließt über uns hinaus, hin zu dem, was Heilung braucht. Jede Zelle in uns will das tun, immer, bei allem was wir berühren. Geschieht dies, senden wir gleichzeitig eine Schwingung der göttlichen Liebe aus. Das ist es, was die Männer anziehend finden. Wir werden zum Magnet während die Liebe durch uns hindurch und aus uns heraus fließt. Männer spüren es, ohne zu wissen, was es wirklich ist, was sie zieht und wollen eintauchen/eindringen in die Liebe, in unseren Schoß. Das ist der Duft der Frauen und er ist betörend für den Mann.

Das, liebe Freundin, ist unsere Macht! Die Macht des Schoßes, den der Volksmund ‚Möse' nennt. ‚Volks-Mund' ist auch so ein interessantes Wort. Wollen wir unser Heiligtum wirklich in aller Munde des Volkes wiederfinden? Wir werden erkennen und neu entscheiden.

Liebste Freundin, kannst du erkennen, wie aussichtslos es war, die Männer danach zu fragen, wer wir wirklich sind und wie wir eine liebende, wunderschöne Frau, ja eine Königin der Nacht sein können? Wir haben die falsche Seite gefragt. Wir waren so hungrig nach Leben und Liebe und haben die ebenfalls Hungrigen, die Männer, nach Essen gefragt.

Bilder und Träume

Findest du weniger als Liebe,
wirst du noch nicht gewusst haben,
was du wirklich suchst.

Liebe Freundin,

nun einige Fragen, die ich mir immer wieder gestellt habe:

Wie sollen wir lieben? Was ist die richtige Technik?

Wir schauten nach den Männern und zu den Frauen um uns herum
und sahen, sie praktizierten Techniken, sie nannten es: Wir ‚machen
Liebe'. Können wir wirklich ‚Liebe MACHEN'? Ist sie nicht immer da?
Geht es nicht nur darum, mit ihr in Verbindung ZU SEIN?!

Gut, so wollten auch wir viele Techniken erlernen, um besser lieben zu
können. Wir sahen uns Bücher an, lasen Liebesromane, später
erotische Texte, denn die pornographischen taten uns anfänglich noch
tief in der Seele weh. Wir fühlten uns körperlich berührt. Die Worte
versetzten uns in Schwingung, manchmal angenehm, doch überwogen
irgendwann die unangenehmen Gefühle, denn sie machten uns nicht
satt.
Wir hatten immer öfter Ausreden, Migräne, Blasenentzündung, unsere
Tage - waren einfach unpässlich. Kein Termin schien recht zu sein.
Passierte ‚es' dann doch, so hielten wir still und hofften, dass das
irgendwann zu Ende sein würde. So viel schmerzliche Zeit, die in
unseren Körpern sichtbare Zeichen hinterließen. Und wir träumten
weiter!

Um das auszuhalten, zogen wir Rüstungen an und zeigten uns nach
Aussen hart. Wir wollten stark sein, Macht spüren und unser
Gegenüber dafür bestrafen, dass wir diesen Weg gingen, ohne es
wirklich zu wollen.

Du wolltest es, wolltest die Männer dominieren?! Ja, das verstehe ich
sehr gut. Auch ich zog mir meine Stiefel an, umgab mich symbolisch

35

mit Lack und Leder, ließ sie spüren, was es heißt bestraft zu werden, für all den Schmerz, den sie mir beigebracht hatten – und sie wollten es sogar so. Ja, kein Wunder, auch sie fühlten sich schuldig an der Liebe. Und dann doch gleich von denen bestraft werden, denen man Schmerz zugefügt hat.

Wir fragten nicht: 'Ist das der Weg?', wir gingen ihn. Alle, die wir kannten gingen ihn ja auch in dieser Weise, doch unsere Herzen begannen sich immer mehr zu verschließen. Körperlich war Liebe kaum noch ohne äußere Anreize und Hilfsmittel möglich.

Wir lasen mehr, merkten, die anfängliche Erregbarkeit ließ schneller nach. Wir schauten Filme, erotische, pornografische, Liebesfilme, fragten noch mehr Unwissende nach der Liebe. Ja, von den Liebesfilmen waren wir berührt und wollten das auch haben, was die Dame am Nebentisch ihrem Freund als Orgasmus vorspielte. Lachten viel zu laut über uns selbst und unser Unvermögen wirklich zu lieben. Wir wurden als romantisch und albern verlacht, wenn es um Liebesfilme mit Happy End ging. ‚Das ist doch keine Liebe, das ist Kitsch und hat mit dem wirklichen Leben nichts zu tun!', so sagte man es uns. Wie kleine Kinder vor dem Schaufenster eines Spielwarengeschäftes fühlten wir uns. So viel Schönheit in all den Filmen, die wir anschauten, die uns berührte, doch so unerreichbar von uns getrennt durch die Scheibe aus Glas.

Sag mir, geliebte Freundin, brachte uns noch mehr vom Gleichen - dem Unwissen - letztlich die ersehnte Weisheit? Nein! Doch es ließ uns nicht ruhen und wir suchten weiter – nach uns selbst, nach der Liebe! War es doch letztlich die Liebe, die Sehnsucht nach uns hatte, sich mit uns vereinen wollte. Sie rief und wir hörten sie tief in unserem Innern. Bevor wir sie hören können, muss es im Außen ruhiger werden, müssen wir aufhören zu kämpfen. Alles was laut war, hat uns von ihrer Stimme getrennt – ihr Ruf ist unsere nie enden wollende Sehnsucht.

Das Geschenk des Empfangens

Über der Pforte der antiken Welt stand geschrieben:
Erkenne dich selbst.
Über der Pforte unserer neuen Welt sollte geschrieben stehen:
Sei du selbst!
Oscar Wilde

Liebe Freundin,

immer wieder haben wir über deinen und meinen Schmerz gesprochen und uns gefragt, warum es so weh tut, wenn wir in Beziehung sind, uns getrennt haben, nicht loskommen vom Denken über das was war und ist. Ja, wir spüren einen Schmerz, der uns sogar körperlich erreicht und nicht nur auf der seelischen Ebene erlebt wird.

Um das besser zu verstehen, möchte ich ein Bild aus der Natur wählen, an dem wir beide nachvollziehen können, was unsere Natur ist, was immer wieder geschieht, damit du aufhören kannst, dich selbst zu verurteilen.

Mond im Spiegel

Als Frauen werden wir oft mit dem Symbol des Mondes verglichen und das möchte ich aufgreifen. Schaue das Bild, die Qualitäten des Mondes an, dann erkennst du das Wesentliche unserer Natur, unseres Körpers, wie wir reagieren und vom Mond lernen können.

Was sind typische Beschreibungen für das ‚Mondige'?

- Wir sind wechselhaft,
- erleben Leere und Fülle in Form unseres monatlichen Zyklus,
- sind mal in Stimmung, mal nicht,
- können strahlen, wenn unsere Herzen berührt und warm werden
- aber auch eiskalt wirken, wenn wir nicht mit Liebe bestrahlt werden
- sind mit unseren Gefühlen nicht berechenbar für unsere Partner
- haben ein zweites Gesicht, ein helles und ein dunkles

37

- nehmen alles auf, was um uns herum geschieht
- spiegeln es in die Welt

Ja, liebe Freundin, unser Körper reagiert wie der Mond. Besonders deutlich spürst du das während deines Zyklus.

Dein Körper ist so aus- und eingerichtet, dass du als Empfänger dienst. Genau wie der Mond, nimmst du alles entgegen, womit du bestrahlt wirst. Selbst wenn wir den Mond als strahlend in der Nacht sehen, so ist es doch nicht sein eigenes Licht. Deine Mondnatur zeigt dir, was auch du tust und bist. Du spiegelst das, was du empfängst und das ausnahmslos - du hast darin keine Wahl.

Nun geht es darum, noch tiefer zu schauen, damit dir die Verbindung im Augenblick mit deinem Liebsten und auch mit dir selbst, gelingt.

In der Liebe zum JETZT, bist du aufgefordert, deine Kraft des Spiegelns zu erkennen, diese bewusst einzubringen und als erwachte, erwachsene Partnerin in eurer Begegnung präsent zu sein. Erst wenn du erkennst, in welcher Weise du beeinflussbar bist und was dein Anteil an der Heilung ist, kannst du entscheiden und hast die Wahl, wie du damit umgehst.

Wenn es ‚Klick' macht

Wer an den Spiegel tritt, um sich zu verändern,
der hat sich bereits verändert.

Seneca

Liebe Freundin!

Was geschieht eigentlich in den Momenten, wo es in dir ‚Klick' macht?!

Du kennst das aus deinem alltäglichen Leben: Du triffst dich mit Menschen und immer dann, wenn du ‚offen' bist, öffnete sich natürlicherweise auch dein Herz für das, was sie dir zu erzählen haben. Doch damit ist es nicht genug: Sobald du dein Herz öffnest, öffnen sich alle Empfangszentren in deinem Körper. Dein Geist nimmt Worte, Signale, Mimik, Gestik, Körpersprache auf, dein Herz schwingt und deine weiblichen Geschlechtsorgane stellen sich ebenfalls ganz auf Empfang. Nicht nur deine 5 Sinne sind aktiv, alle Sinne, die du hast, auch noch weit feinere Sinne.

Wenn du genau schaust, geschieht unter dem Tisch bereits sehr viel, bevor dein Verstand versteht, um was es hier geht. Du fühltest dich hingezogen und je mehr du bestrahlt/angestrahlt, dich gesehen fühltest, um so mehr erregt dich das auch sexuell. Du fühlst dich hin- und angezogen. Besondere Freude, schöne Gefühle, spürst du in allen Zellen, dein Körper reagiert mit der entsprechenden Hormonausschüttung - du nennst das dann im besten Fall: ‚Ich habe mich verliebt' oder ‚das war ein wunderschöner Abend, ich habe mich so wohl gefühlt, ich war so lebendig'.

Du liebst das, was dich berührt und spiegelst es in die Welt, dorthin zurück, von wo es kommt, aus dem Herzen anderer Menschen, Dinge, Ereignisse, das nennen wir dann ‚Flirten'. Ja, wir können es mit allen, wenn wir verliebt sind. Wir lieben unsere Kinder, unsere Tiere, unsere Wohnungen, alles was wir berühren, erstrahlt durch das, was aus uns heraus fließt. Wir fließen förmlich über, strahlen aus jeder Zelle. Unser Schoß ist in einer Art Dauererregung. Unsere innere Blüte ist weit

39

geöffnet und wir verströmen einen betörenden feinstofflichen Duft, dem niemand widerstehen kann, der der Liebe folgt. Es hat etwas ganz Leichtes, wir fliegen wie die Schmetterlinge um uns herum, und können gar nicht genug davon bekommen und geben.

Zeit der Dunkelheit

Die Menschen stolpern nicht über Berge,
sondern über Maulwurfshügel.
Konfuzius

Liebe Freundin!

Doch dann, irgendwann, verändert sich etwas. Das Licht, das dich bestrahlt hat, nimmt ab, genau wie auch der Mond nach einiger Zeit weniger angestrahlt wird. Die Traurigkeit vergrößert sich, die Dunkelheit rückt wieder näher, das Gefühl alleine gelassen zu werden, keine Sonne im Leben mehr zu sehen, rückt in dein Bewusstsein. Du nennst es dann vielleicht ‚Alltag‘, der dich wieder einholt. Doch es ist kein Alltag, es ist die ‚All-Nacht‘ und sie kommt immer, genau wie der Neumond!

Nun erwacht wieder die Sehnsucht nach dem Stahlen in unserem Leben. Wer wird der Nächste sein, der uns zum Stahlen bringt? Viele von uns sind in einer ständigen Sucht des Sehnens nach diesem Zustand. Sie suchen die Liebe. Sie fühlen sich getrennt davon und wissen nicht, wie sie sie wieder finden können. Sie finden sie nicht, indem sie nach ihr im Außen suchen. Das wird zur Sucht.

Dein Partner sieht es in deinen Augen, versucht dich immer wieder zu ‚bedienen‘, will etwas gegen diesen Schmerz tun, diese Sehnsucht, all das, was er in dir, seinem Spiegel sieht, verringern. Da deine Natur darin liegt, alles zu empfangen, nimmst du nun auch noch seinen Schmerz auf und hältst ihn in dir fest, willst ihm so gerne etwas anderes spiegeln, ihn befreien, damit auch du befreit sein kannst. So verstrickst du dich, ihr euch beide, immer weiter. Die Dunkelheit rückt immer näher und das Strahlen wird immer weniger. Eure Beziehung, die mit einem Strahlen anfing ist nicht mehr wie früher. Das kennst du nur zu gut, genau wie auch ich und alle Frauen. Wir gehen in die dunkle Nacht der Seele, immer und immer wieder, wehren uns gegen das, was ist, konservieren alle den Schmerz in unserem Körper und leiden.

Lass uns hier einen Moment verweilen und dem zustimmen: Ja, so war es! So ist es! Es hat so weh getan, immer wieder! Wir spüren es immer noch, brauchen nur an diese vergangenen Ereignisse zu denken, in diese Richtung zu schauen und schon empfinden wir es auch körperlich, wo wir es abgespeichert haben, als Erinnerung, als Erkrankung, als Glaubenssatz, als ‚Nie-wieder-möchte-ich-das-fühlen-oder-erleben'- Vorsatz.

Liebe Freundin, der WIDERSTAND ist unser wahrer Schmerz und nicht das, was ist, das, wie es ist! Wir haben uns gegen den Fluss des Lebens gewehrt und gestemmt. Wir wollten wieder zur Quelle, zurück zur Liebe.

Nun ist es an der Zeit mitzufließen und zu schauen, was in jedem Moment geschieht – das, was in uns lebendig ist und bleibt. Die Quelle ist immer da gewesen. Sie war niemals getrennt von uns! Du wirst dich in meinen Briefen wieder daran erinnern und es erleben. Verbinde dich mit dem Fluss des Lebens und bade in der Liebe!

Die dunklen Wege

Das Glück kam zu mir,
als ich ihm nicht mehr nachlief
Adrian Peivareh

Liebe Freundin,

so machten wir uns aus dem Schmerz heraus auf die Suche zurück zu uns selbst, zurück zur Quelle der Liebe. Doch vorher mussten wir noch einige Umwege gehen.

Wir verstrickten uns in dem was wir Sexualität nannten, verhärteten im Schoß über all das, was wir sahen, konsumierten was sich uns bot, nahmen alles in unserem Körper auf. Es konnte gar nicht genug sein. Überall Techniken, ganze Messen voller erotischer Artikel, Frauen, die ihren Körper zur Schau stellten und so taten, als wäre das die Liebe, nach der wir alle uns so sehr sehnten. Spielzeuge, die unsere Lust steigern sollten, Plastik statt nackter, warmer, weicher Haut. Anregungen, Erregungen – all das brachten diese Hilfsmittel kurzzeitig auch, doch der Hunger, die Leere in uns wuchs. Ein großes Loch voll Traurigkeit, Schmerz, Wut, Verzweiflung breitete sich in unserem Unterleib aus – manchmal stank es bis zum Himmel. Wir wuschen uns immer öfter, gingen zum Arzt, doch der Ausfluss wollte einfach nicht aufhören. Wir waren beschäftigt mit unserem Unterleib, in einer ziemlich unerlösten Form. Keine Pille, keine Salbe wollte diesen Schmerz lindern. Der Körper spricht seine eigene Sprache und diese ist sehr deutlich.

Aufgerichtete Phallussymbole bestimmten unser Denken, durchdrangen all unser Fühlen. Die ‚Geilheit', die Gier nahm Einzug in unser Leben. Wir träumten und onanierten, versuchten uns zu befriedigen, mit all den vielen Bildern der Welt des Kampfes um die Liebe, um das, was uns schon immer gehört, nur um endlich Liebe zu fühlen.

Wir liebten in phantasierten Bildern, die nicht dem entsprachen, was wir in unserem täglichen Leben, im JETZT, betrachten, finden konnten. Erschafften uns zwei Welten, eine Traumwelt und eine, die wir Realität nannten. Die Kluft zwischen der Welt und unserem Sehnen wurde immer größer. Wo war die Liebe? In unseren Träumen war sie lebendig, wir spürten sie, immer wenn wir diese Welten besuchten, oder in unseren endlosen Dialogen, in denen wir über unsere Träume, Wünsche und Visionen sprachen.

Doch auch in unseren Träumen schauten wir, was wir TUN könnten, spürten, die Traurigkeit, wenn wir den Höhepunkt durch unser Tun an uns selbst erreicht hatten. Die Sehnsucht nach einer erfüllenden Liebe, liebenden Händen auf unseren Körpern, einem Mann, der sich unserem Schoß in Hingabe und Achtung nähert, eine erfüllende Partnerschaft, die uns nährt und satt sein lässt, die uns geben und nehmen lässt, wurde ständig größer.

Dauerhaftes Strahlen, nein, das hatten wir noch nie erlebt. Doch jede von uns hatte noch einen Funken Hoffnung. Wir sehnten uns nach etwas, von dem wir noch nicht einmal wussten, was es ist, doch der Strom in unserem Schoß floss weiter, hin zur Quelle dessen, was wir wirklich sind.

Liebe Freundin, das war unser Geschenk, wir könnten gar nicht anders, als die Frequenz der Liebe zu empfangen, denn so sind wir Frauen von Gott erdacht.

Hier eine kleine Geschichte zum Nachspüren, wie schön unsere Aufgabe wirklich sein kann:

Die Liebe zwischen der Sonne und der Dunkelheit

Vor langer, langer Zeit wurde im Universum eine goldene Sonne geboren. Niemand konnte sie sehen, denn überall um sie herum war Helligkeit. Die Sonne war sich selbst genug und hatte die Gestalt eines Mannes. Er wusste nicht, dass er strahlte. Um dies zu erkennen hätte es der Dunkelheit bedurft, doch diese war noch nicht geboren.

So verging die Zeit und eines Tages erwachte die Dunkelheit. Die Dunkelheit hatte die Gestalt einer Frau und sie sah das Strahlen, welches sie magisch anzog. Sie schaute die Sonne an. Von allen Seiten umgab sie sie, näherte sich ihr und berührte sie. Da erwachte die Sonne, sah die Dunkelheit um sich herum und erschrak. Etwas, das sie berührten konnte und doch so anders war, als sie selbst.

Die Sonne schaute in die Dunkelheit und sprach: ‚Wer bist du?'
Die Dunkelheit erwiderte: ‚Ich weiß es nicht, sag du mir, was du siehst!'
‚Überall ist Dunkelheit um mich herum', antwortete die Sonne.
‚Dann bin ich wohl die Dunkelheit und wer bist du?' fragte die Dunkelheit.
‚Ich weiß es nicht, sag du mir, was du siehst!'
‚Ich sehe ein strahlendes Licht, so schön, wie ich es noch nie zuvor gesehen habe und überall wo es mich berührt, wird mein Sein erhellt!' sprach die Dunkelheit.

Als die Sonne das hörte, begann sie noch intensiver zu strahlen, durchdrang die Dunkelheit mit ihren Strahlen bis diese sie bat:

‚Halte ein! Wenn du mich durchdringst, löse ich mich auf und bin wie du!'

Die Sonne ließ in ihrer Strahlung nach und fragte die Dunkelheit:
‚Möchtest du nicht sein wie ich?'
‚Nein', erwiderte die Dunkelheit, ‚denn wenn ich bin wie du, wird die Dunkelheit vergehen und wir werden vergessen, wer wir sind!'

Die Sonne war verwirrt. Sie verstand nicht warum die Dunkelheit ihr Geschenk nicht annehmen wollte. War sie nicht das Schönste im Universum und bereit ständig zu geben, wie es in ihrer Natur lag?!

Doch die Worte der Dunkelheit berührten die Sonne und so fragte sie: ‚Warum willst du dunkel bleiben, wenn du durch mich strahlen könntest?'

Die Dunkelheit antwortete: ‚Dein Strahlen bedarf meiner Dunkelheit, sonst kann niemand sehen, wie schön du strahlst. Je dunkler ich bin, umso heller wirst du sein. Das ist meine Natur!'

Die Sonne erkannte das Geschenk in den Worten der Dunkelheit und konzentrierte sich wieder auf sich selbst. Sie antwortete: 'Jetzt erkenne ich, wie wichtig du bist und ich danke dir für deine Worte.'

Das erfreute die Dunkelheit und sie vertiefte ihr Dunkelsein so sehr, dass die Sonne noch heller strahlte. So berührten sie einander und ergänzten einander - und blieben doch sie selbst in ihrem so Sein.

Göttin oder Adams Rippe?

In allem liegt eine Lehre – du musst sie nur finden.

Lewis Caroll

Liebe Freundin,

auf allen meinen Irrwegen wurde mir bewusst, dass Adam (der Mann) vielleicht auch Angst vor Eva (uns Frauen) gehabt haben könnte. Wie wäre der Start verlaufen, wenn Gott Adam und Eva gleichzeitig erschaffen hätte und Eva damit einen gleichwertigen Platz an seiner Seite erhalten hätte?!

So lernten wir, dass Gott erst Adam erschuf und aus dessen Rippe Eva. Vielleicht war es ja die Rippe, die direkt über Adams Herz ruhte, wer weiß das schon...

Selbst Gott ist ein Mann, in den Geschichten, die wir erzählt bekommen von einer Kirche, die von Männern geführt wird. Könnte es sein, dass wir auch hier zu schnell angenommen und geglaubt haben, was uns erzählt wurde? Waren nicht die Übersetzer alter Schriften Männer? Wie hätten Frauen diese Schriften, die Symbole gedeutet?

So frage ich dich und mich: Ist das wirklich wahr? Wenn Gott alles ist, was IST, ist Gott dann nicht auch eine Frau?

Gott schöpft und gebiert alles, was ist. Tun wir Frauen das nicht auch? Sind nicht auch ein Ebenbild Gottes? Gebären wir nicht all das, was in unseren Schoß gelegt wird? Ja, bedeutet das nicht noch viel mehr, als Menschenkinder zu gebären?

Mach dich nicht klein und schwach, liebe Freundin. Du bist am Schöpfungsprozess gleichberechtigt beteiligt. Du bist er-MÄCHTIG-t. Die Zeit der Anklage, Vorwürfe und Selbstzweifel ist vorbei. Nur gemeinsam kannst du mit Adam das Paradies zurückgewinnen.

Der heilige Krieg

Manche Leute glauben, Durchhalten mache uns stark;
doch manchmal stärkt uns gerade das Loslassen.

Sylvia Robinson

Liebe Freundin!

Alles was wir an Energie, an Schwingung empfangen speichern wir in unserem Körper. Dadurch verhärten wir, verschließen uns vor dem, was uns verletzt. Die Folge: Wir werden krank, finden keinen anderen Weg uns selbst zu heilen. Ziehen uns zurück in unser Heiligtum und beten still, dass die Liebe die Tür von Außen wieder öffnen möge. Jeder Mann, der uns besuchen möchte findet einen Raum der Trauer vor und da er tief in seinem Herzen diesen Schmerz spürt, richtet sich sein Schwert noch härter auf, wird zur Waffe, zum Schwert, gegen uns und letztlich gegen sich selbst.

Was tut er in all seiner Verzweiflung und Wut, er dringt in uns ein, will zerstören, was diese Verletzung seiner Liebe, seiner weiblichen Seite hervorgerufen hat. Er kann nicht anders und er versteht es nicht einmal, meint es gut, will für uns kämpfen. Doch letztlich kämpft er nicht für, sondern gegen das, was ihm all die Liebe schenken könnte, derer er bedarf. Sein Schwert trifft nur die Dornen, doch er findet auf diese Weise den Eingang zu unserem Herzen nicht.

Die Liebe, meine Freundin, kommt nicht von Außen, nicht aus seinem Schwert, seinem aufgerichteten Glied. Es dient uns nur zu gerne, wenn wir ihm die Liebe schenken, die es so sehr braucht für den ‚heiligen Krieg', den Kreuzzug für die Liebe.

Diese Liebe, die alles heiligt und heilt entspringt in uns Frauen, im Herzen einer jeder Zelle die wir sind. Wisse, meine Freundin, unseren Schoß, unser Herz, können wir nur von Innen nach Außen öffnen. Kein Mann, der anklopft, für uns kämpfen mag, mit hoch erhobenem Schwert, vermag unsere Dornenhecke zu durchtrennen, wenn wir nicht bereit dazu sind, ihn zu erhören und ihn willkommen heißen, wie

Dornröschen in ihrem Sarg. Alle die kamen scheiterten letztlich an ihrer Dornenhecke. Die Zeit musste die richtige sein und auch Dornröschen musste bereit sein nach 100 Jahren Schlaf – nur ein Traum, ein Märchen, welches wir lieben? Ein Symbol, was uns zeigt, worin der Schlüssel liegt!

Schau, wir träumen davon, dass er uns findet, doch wir haben uns versteckt hinter Dornen und nun ist es an der Zeit, zu erkennen, was wir wirklich sind. Eva, die weibliche Seite Gottes, Dornröschen, Schneewittchen, Rapunzel, Königin, Prinzessin, Heldin, Hure, Heilige, Wolfsfrau, Geliebte, Frau, ganz egal wie wir heißen mögen, wir sind der Kanal für Gottes Liebe. Das ist sein Geschenk an uns. Nehmen wir es an? Oder bleiben wir in der Anklage, dass uns Adam sagen soll, wie wir gedacht sind? Erkennen wir doch, dass nicht Adam uns erschaffen hat, es war Gott selbst, der uns in dieser Weise formte.

Es ist an der Zeit, die Forderung an Adam nun endlich hinter uns zu lassen. Verbinden wir uns mit der Liebe und wir werden heilen – glaube mir!

Die richtige Frequenz

Setz dich an einen Bach und sei einfach da.
Das Lied des Wassers wird deine Sorgen aufnehmen
und sie hinab zum Meer tragen.
Donald Walters

Liebe Freundin,

du wünschst dir deine Dornen zu lichten und den König willkommen zu heißen?!

Ein paar Orientierungspunkte auf dem Weg zur Liebe im JETZT habe ich besucht, für gut befunden, oder für noch nicht stimmig erkannt. Wichtig ist es, dass du mit deinem innersten Fluss der Liebe in Kontakt gehst, dem was lebendig ist in dir, jeden Augenblick eures Zusammenseins und noch darüber hinaus. Höre auf zu denken! Fühle den Klang deines Herzens!

Frage nicht mehr das Außen, die Unwissenden um dich herum, seien es Männer oder Frauen, was richtig und falsch ist. Sie können dir nicht sagen, was für dich stimmig ist. Alle Antworten sind da, in dir, und du darfst wählen. Eines wird besser zu dir passen, anderes weniger. Das ist für jede von uns ganz unterschiedlich, entspricht deiner Individualität wofür die Liebe in dir dich geschaffen hat.

So bitte ich dich, auch nicht meinem Rat zu folgen, sondern deine innere Weisheit aufzusuchen. Dort findest du letztlich die Impulse und Antworten, die du suchst. Da es dort sehr still ist, erscheint diese Weisheit deinem Verstand vielleicht wie ein Raten, ein Nichtwissen, ein Ahnen – trotzdem wirst du es erkennen, intuitiv.

Für den Teil in dir, der klar umsetzbare Strukturen sucht, ist das vielleicht zu ungenau. Doch dein Herz WEISS und auch Du wirst es fühlen. Folge der Liebe, der Führung in dir. Frag dich: Was ist JETZT für dich richtig, in diesem Moment, in dem du bist. Hab' keine Angst!

Alles ist gut! Es gibt kein 'falsch' oder 'richtig'. Alles ist eine Möglichkeit und du hast jederzeit die Wahl.

Hier ein Gedicht von einem lieben Freund, welches dir Mut machen wird zu dir und deinen Wünschen zu stehen und auch einmal 'NEIN' zu sagen. Doch diesmal nicht aus Strafe, oder gar, um Macht über den anderen zu haben, sondern zum Wohle aller:

"OB DU'S GLAUBST ODER NICHT
MEIN 'NEIN' IST NICHT FÜR DICH
MEIN 'NEIN' DAS IST FÜR MICH

SAG' ICH 'NEIN' ZU DIR
SAG' ICH 'JA' ZU MIR!

SAG' ICH 'JA' ZU MIR
KOMMT MEIN LICHT ZU DIR!

SAGST DU 'NEIN' ZU MIR
SAGST DU JA ' ZU DIR!

SAGST DU JA' ZU DIR
KOMMT DEIN LICHT ZU MIR!

SAGST DU JA ZU DIR
UND SAG' ICH JA ' ZU MIR
DANN FEIERN WIR
DANN L E B E N WIR!"
                    c SHIVEN

Dann LIEBEN wir . . . .

Festliche Vorbereitung

Wer den Tag mit einem Lachen beginnt,
der hat ihn bereits gewonnen.
Tschechisches Sprichwort

Liebe Freundin,

nun hast du dir einige schmerzliche Stationen deine Lebensweges angeschaut, hast Licht ins Dunkle gebracht und bist bereit, das 'erste Mal' vorzubereiten – deine erste voll bewusste und präsente Begegnung mit deinem Liebsten im JETZT. Du hattest schon viele 'erste Male', ich weiß, doch dies ist dein erstes aufmerksames, waches Mal, hier und JETZT. Da es immer nur diesen Augenblick gibt, lebe ihn, so bewusst wie es dir möglich ist.

Wenn du in einer Beziehung bist, dann könnt ihr wechselseitig den 'Raum für das Fest' gestalten. Es ist schön, eingeladen zu werden und selbst einzuladen. Mir tat das sehr gut, gab mir das Gefühl geachtet und gesehen zu werden. Richte du das erste Fest aus, damit er sehen und spüren kann, was und wie du empfangen werden möchtest. Lädt er dich zuerst ein, dann könnte er dich überraschen wollen. Doch wie rasch kann das über das hinausgehen, was angemessen für dich ist. Männer sind es gewohnt, sich darzustellen, zu zeigen, was für tolle Kerle sie sind. Darum geht es hier nicht! Die Liebe ist nicht beeindruckbar, sie ist still und über alle Massen kraftvoll. Du, meine liebe Freundin, bist die Königin der Nacht, vergiss das nicht! Gib dein Zepter nicht aus der Hand und lade ihn ein zur ersten Audienz in deinen heiligen Hallen. Warum den Ritter mit dem scharfen Schwert wecken, wenn du den König in ihm haben kannst?!

Lädt er dich ein, ist es wichtig für dich, dass du seiner Einladung nur folgst, wenn du bereit dazu bist, ein Fest mit ihm zu feiern. Lass die Gedanken, ihn bedienen zu wollen oder zu müssen, zurück. Deine Möse wird sich vielleicht öffnen und mit Gleitmitteln seinen Speer entgegen nehmen. Doch dein innerstes Heiligtum wird sich nicht öffnen, wenn du es tust, damit er 'Ruhe' gibt.

Du nimmst doch auch keine Einladungen zu einer Geburtstagsfeier an, wenn du traurig, oder gar krank bist – oder?! Dann bleibst du zuhause im Bett und möchtest niemanden anstecken. Stecke deinen Liebsten nicht mit deiner Krankheit der 'hungrigen Möse' an. Du weißt es bereits, das wird ihn töten und du bleibst alleine, frustriert und traurig zurück. Traurig bist du oft genug gewesen – brauchst du noch mehr solche Erfahrungen? Du trägst ein kostbares Geschenk in dir und er wartet schon so lange darauf, es gemeinsam mit dir zu öffnen. Doch du bestimmst den richtigen Zeitpunkt.

Hat er keine Zeit für ein Fest mit dir, dann lass ihn ziehen. Er ist noch zu sehr mit den Äußerlichkeiten und Anstrengungen der Welt beschäftigt. Laufe ihm nicht nach zu den Schlachtfeldern seines Kampfes, der ständigen Eroberung. Du kannst dort nur Leid und Tod vorfinden. Wie oft warst du schon mit ihm dort? Höre auf damit! Niemand muss für die Liebe kämpfen. Sie ist bereits da – in dir. Gehe in deinen Innenraum und bereite dich vor. Der König in ihm wird kommen, wenn er deinen inneren Ruf hört – das ist gewiss!

Lieber Freund!

Du hast gelernt um deine Angebetete zu kämpfen, sie zu erobern. So wurdest du erzogen, hast es immer und immer wieder getan. Ja, das tun Ritter, mit hoch erhobener Lanze kämpfen sie um das Herz der Prinzessin.

Hast du dich schon einmal gefragt, warum du das tust?! Und wenn du sie erobert hast, was folgt dann? Möchtest du sie immer wieder erobern? Wahrscheinlich war es oft so in der Vergangenheit und aus dem anfänglich interessanten, erotischen Spiel wurde mit der Zeit ein Kampf, der immer kürzere Befriedigung brachte. Was hast du dann getan? Dich noch mehr ins Zeug gelegt, sie gar gefragt, was du tun könntest, damit sie dir freudig und bereitwillig immer wieder ihren Schoß öffnet? Deine Angebetete hat dir vielleicht auch gesagt, wie sie gerne erobert werden möchte, doch alles war nur von kurzer Dauer.

Der Zauber des Neubeginns ist eben nur ein Zauber für diesen Neubeginn. Wenn du einmal weißt wie es geht, dann ist es immer nur eine Widerholung und wird 'alt'. Woran das liegt, wirst du im Verlauf dieses Buches erfahren.

Ich verrate dir nun etwas: Deine Liebste wusste es auch nicht. Auch sie schaute immer in die Vergangenheit. Sie wünschte sich von dir etwas, von dem sie dachte, dass sie es gerne einmal erleben würde. Das liegt in der Natur des Wünschens. Es bringt nur weitere Wünsche hervor und endet nie. Danach wünschte sie sich, dass du dir etwas ausdenkst, in der Hoffnung, dass du ihr Herz damit berührst. So habt ihr euch verstrickt. Immer tiefer bis hin zu den Vorwürfen: '...., aber das wolltest du doch und nun wieder nicht?!' 'Ja, aber…..... Ja, aber…....' – was alles letztlich 'NEIN, so will ich es auch nicht….!' heißt.

Du hast nichts verkehrt gemacht, genauso wenig wie sie!

Ihr habt bisher wie Kinder gespielt und dieses Ritter-Spiel ist ein Spiel der Äußerlichkeiten. Es befriedigt nur solange es neu ist. Danach müssen neue Spielformen gefunden werden. Ständig etwas Neues haben zu wollen, das ist das Spiel der Kinder und bringt euch nicht die Liebe, die euch er-WACH-sen sein lässt. Eine erwachsene Liebe benötigt keine Eroberungen mehr. Du musst nicht mehr betteln oder darum kämpfen, dass sie ihren Schoß für dich öffnet. Sie wird mit dir gemeinsam feiern wollen – immer und immer wieder. Du wirst es erleben!

Der äußere Rahmen

Wenn du helle Dinge denkst,
wirst du helle Dinge an dich ziehen.
Prentice Mulford

Liebe Freundin!

Bereite den Raum, in dem du lieben möchtest auch äußerlich entsprechend vor. Schmücke ihn zu einem wahrhaft festlichen Rahmen. Sei dir gewiss, dass niemand geringerer dein Gast sein wird als die Liebe Gottes. Spüre die stille Freude darüber, endlich dort angekommen zu sein. Atme dieses Gefühl tief ein und atme Freude aus.

Lass dir Zeit. Feiere nur, wenn du Zeit hast! Schnelle Nummern, Quickies, sind zwar ganz nett, doch die Liebe braucht Zeit, damit sie sich entfalten kann. Wenn sie fließt, dann wird sie immer fließen, doch anfänglich braucht sie einen angemessenen Raum. Du hast so viele Verletzungen davongetragen. Alles ist eng geworden und nun bereite den äußeren Raum so vor, dass sich dein Innenraum darin spiegeln kann.

Sei ganz wach! Achte darauf, dass du keine Traumbilder im Raum der Liebe erschaffst. Je leerer dieser Raum ist, auch im Außen, um so mehr Liebe kann in ihn einfließen. Wähle im jeweiligen Moment aus, wie du heute für ein Fest der Liebe dekorieren möchtest. Fülle den Raum mit schönen Dingen, die dir gut tun.

Frische Blumen, vielleicht Rosen, die ihre Schönheit und ihren Duft verströmen.
Kerzen, die den Raum in gedämpftes, warmes Licht tauchen.

Liebe nie wieder im Dunkeln, dafür ist die Liebe viel zu schön! Liebe ist wie das Licht, sie möchte erstrahlen, gesehen werden, wärmen. Die Dunkelheit hast du in der Vergangenheit gewählt, weil du nicht mehr sehen wolltest, was außerhalb von dir geschieht. So konntest du schneller in deine Träume und Phantasien verschwinden.

Ich frage dich, liebe Freundin, lag nicht genau darin der Schmerz?! Die Realität war so weit entfernt von dem, was du dir vorgestellt und erdacht hattest. Das ist Trennung und führt immer zu Frustration. In der Liebe möchten wir uns verEINEN, die Trennung aufheben, zwischen außen und innen.

Nun ist es an der Zeit, die Augen offen zu halten, den Moment zu erkennen, das was JETZT ist, und zu sprechen, zu singen, zu jubilieren, über das was lebendig in dir, in euch ist.

Wähle dezente Düfte, wenn du sie magst und beruhige damit die Sinne. Ist der Duft zu schwer und dominiert den Raum, könntet ihr beide abgelenkt sein vom Wesentlichen - der Liebe zueinander.

Achte in allem was du tust darauf: Weniger ist mehr! Nimm die Hälfte von dem, was du normalerweise tust und irgendwann wird es die Hälfte der Hälfte sein. Alles wird euch noch mehr Raum für die Essenz der Liebe geben!

Stelle Öle bereit. Es könnte dein Wunsch sein von deinem Partner massiert zu werden, oder du möchtest seine Haut in der Massage berühren.

Wähle edle Gläser. Fülle sie mit Wasser. Alkohol vernebelt eure Sinne und die Verlockung wieder eine Traumwelt zu erschaffen ist groß. Wasser in edlen Gläsern sieht sehr schön aus und erfüllt den Zweck, eure Kehlen zu befeuchten.

Möchtest du Musik, dann achte darauf, dass es sanfte, meditative, weibliche Klänge sind, die nur dazu dienen, die Liebe fließen zu lassen und keine neuen Traumbilder in dir oder ihm zu erzeugen. Harte Bässe versetzen deinen Schoß in einen Rhythmus der zu männlich sein kann .

Sei wach, die Verlockung ist sehr groß, du hast ihr so lange schon nachgegeben. Spüre, ob die Klänge der Musik dich in alte Phantasien, bereits Erlebtes, Altes, Zukünftiges entführen könnten. Du bist wie ein Instrument dessen Saiten mit dem was um dich ist, in Resonanz geht. Das hat nichts mit Denken zu tun, das ist so, weil du reine Energie und Schwingung bist. Sei offen und sensibel, du wirst sehr schnell merken, wenn du dich in Träume flüchtest. Erlaube deinem Geist heute einmal nicht, umherzuwandern und nach Reizen zu suchen, die dich in Stimmung bringen und an- oder sogar aufregen sollen.

Du liebst das vielleicht sogar, doch letztlich verfälschen sie den Augenblick. Lerne zu lieben wie eine Königin und verabschiede die Domina in dir!

Bedenke, meine Freundin, die Liebe muss nicht von dir ‚erdacht' werden. Sie ist bereits da, überall. Du wirst dich mit ihr verbinden und das ist schöner, als dein Denken es sich vorzustellen vermag. Überlasse deinem Herz die Führung und nicht mehr dem von dir Ausgedachten, was den Grenzen all dessen, was du erfahren hast, unterliegt.

Im JETZT zu lieben ist viel intensiver als in deinen Träumen. Kein Phantasiepartner, Traumprinz, Ritter, Held, Engel mehr, der deine Wünsche erahnt, dich auf Händen in den Himmel trägt. Keine Illusionen, kein Rausch mehr, aus dem du unsanft erwachst. Jetzt ist alles real – im Raum lebendig - und die Liebe wird deinen Hunger nach mehr – ja, letztlich nach allem - endlich still werden lassen. Du kannst den Moment leben, so wie er ist und die Sehnsucht wird aufhören dich von innen zu zerstören.

Richte ein Fest aus! Genieße jeden Handgriff, jeden Moment. Bleibe schlicht, damit auf der Festtafel noch Platz für die edlen Speisen eurer Liebe bleibt. Mache kein Theater, keine billige Komödie aus eurer Begegnung, wie du es so oft getan hast. Jegliche Form dessen, was du bisher glaubtest wie du dich präsentieren müsstest, entspricht nicht der Wahrheit und macht dich letztlich nicht satt. Es gibt nur ein Heilmittel gegen diesen Hunger: Die Liebe in dir!

Bereite das Haus der Seele vor

Beschließe du selbst zu sein, und wisse, dass der,
der sich selbst findet, sein Unglück verliert.
Matthew Arnold

Meine Liebe!

Nun hast du den äußeren Rahmen geschmückt für das Fest der Liebe. Jetzt ist es an der Zeit, deinen Körper vorzubereiten.

Nimm ein Bad, dusche, reinige deinen Körper von allen äußeren Anhaftungen. In alten Ritualen werden die Novizen, die für die Einweihung vorbereitet werden, gewaschen. Jesus wusch die Füße seiner Jünger. Die Waschung, Reinigung gehört zu jedem festlichen Akt. Mache dir bewusst, dass du eine heilige Handlung, eine Zeremonie der Liebe vorbereitest und dein Schoß wird der Altar sein, aus dem heraus die Liebe erscheinen wird.

Wie hast du es gerne? Glatte Haut oder lieber natürlich, wie Gott dich erschuf. Wähle, was du magst. Wichtig ist, dass es nicht einem Bild entspricht, von dem du glaubst, dass es besser, richtiger wäre. Alles ist gut, wie es ist. Du bist ein Geschöpf Gottes und glaubst du, dass dieser etwas anderes als Schönheit erschaffen konnte? Es ist an dir, du zu sein und auszustrahlen was du bist. Schenke deinem Körper die Aufmerksamkeit und Liebe, die er möchte. Er ist das Instrument, auf dem Gott sein Liebeslied spielen wird.

Öle deine Haut, wenn dir danach zumute ist. Spüre, wie du bereits in der Vorbereitung sanft, weich und durchlässig wirst. Ja, es kann sein, dass dein Unterleib schmerzt, es nicht gewohnt ist, soviel Aufmerksamkeit von dir zu bekommen. Diese Schmerzen sind all die alten, vergangenen Verletzungen, die du über dich ergehen lassen hast, dir oft sogar selbst zugefügt hast, weil du es nicht anders wusstest.

Alles ist in deinem Körper, besonders in den weiblichen Organen gespeichert. Nichts ging verloren, die Intelligenz deines Körpers ist viel größer als du glaubst. Doch es wird heilen, meine Freundin. Die Liebe wird alles erhellen und du wirst endlich den Frieden und die Freude spüren, nach denen du dich so sehr gesehnt hast. Der Krieg der Geschlechter wird nun zu Ende gehen und du darfst alle toten Momente begraben, die dich zur Furie, zur Trauernden, zur Witwe haben werden lassen.

Achte immer wieder darauf deine Gedanken im Moment zu halten und sie nicht abschweifen zu lassen. Wenn du deinen Körper reinigst, dann tue nur das. Stelle dir nichts vor, was den Augenblick noch verstärken könnte. Du weißt alles, hast alles in dir und dein Körper wird seine Signale senden. Spürst du das Ziehen, den Schmerz, dann sei sanft und lege deine Hände für einen Moment auf die Stelle die schmerzt. Lasse die Gefühle kommen, die kommen möchten, nimm sie an und hülle sie in heilendes Licht. Lass die Geschichten weg. Frage nicht, warum das jetzt so ist und woher das kommt. Das ist nicht mehr wichtig. Es ist Vergangenheit. Im Augenblick ist alles gut! Deine Aufgabe ist es, deinem Körper zuzuhören und wenn es soweit ist, auch dem zu folgen, was eure Körper tun werden. Da ist kein Verlangen, Wollen, Begierde. Da ist eine natürliche Bewegung, ein Vibrieren in jeder Zelle. Spüre sie, jetzt!

Die Verlockung, mehr aus dem Augenblick machen zu wollen, kann immer wieder groß werden. Du kennst das nur zu gut, hast immer wieder Bilder benutzt, die nicht in der Realität stattfanden. Hände eines Partners, der nicht anwesend war. Du hast sie dir vorgestellt und dabei deinen Körper selbst gestreichelt und ihn befriedigt, wie dein Traummann das tun würde. Das ist das alte Spiel, meine Liebe, und es machte uns nicht satt. Es ist in völlig in Ordnung lustvoll zu sein. Sei es im Moment, in dem deine Hände deinen Körper waschen, einölen. Spüre deine Hände auf deinem Körper, jeden einzelnen Finger, die Fingerkuppen, wie sensibel sie alles wahrnehmen, jede Unebenheit deiner Haut. Erlebe, wie wach deine Sinne werden, wenn du so schaust. Nicht mehr, nicht weniger. Tue es mit dem größten Maß an Achtsamkeit, der dir zu Verfügung steht. Lass dir Zeit, es besteht keine Eile! Das Fest wird stattfinden, hab keine Bedenken und Ängste mehr. Wisse, die Liebe ist immer da, in dir. Sie ist niemals nicht da. Du hast dich entfernt von dir und damit von ihr, doch nun kehrst du zurück – das ist wahre Freude!

Selbst wenn du zur Zeit keinen Partner hast, sei für die Liebe offen und empfänglich. Sie ist in jedem und allem zu sehen, immer. Lerne zu schauen, zu hören, zu schmecken, zu genießen, zu fühlen. Du hast alle Sinne von der Schöpfung dafür erhalten. Es sind die Schlüssel zur Liebe und du darfst sie nutzen.

Behandle deinen Körper liebevoll und Liebe wird aus ihm heraus fließen. Liebe strahlt und zieht Liebe an, immer, das ist das Gesetz der Resonanz. Du brauchst keinen punktuellen Orgasmus, der deine Spannung abbauen soll. Das ist nichts Weibliches. Du hast es schon oft erlebt. Du kannst sehr lange Zeit ganz ohne körperlichen Orgasmus sein. Die Liebe hat nichts mit körperlicher Befriedigung zu tun. Du kannst Liebe in Verbindung mit deinem Körper erleben, doch sie ist nicht an die sexuelle Vereinigung gebunden.

Die Liebe, in jeder Zelle die du bist, versetzt dich in die Unendlichkeit des Himmels in dir. Alle Zellen strahlen dann wie eine Sonne aus dir heraus und erwärmen alles um dich herum. Du kennst das, wenn du rundherum zufrieden mit dir und deinem Leben bist. Du hast es in vielen Augenblicken schon gekostet und die Weisheit in dir erinnert sich, wenn es erneut geschieht. Liebe spürst du, wenn du ein Neugeborenes im Arm hältst, in solch heiligen Momenten anwesend sein durftest – ja, auch bei dem Sterben eines geliebten Menschen. Für einen Moment öffnete sich das Tor der Liebe in dir, der Verstand kommt an seine Grenzen, keine Fragen mehr, keine Antworten. Dann hast du das Licht außerhalb der Trauer gesehen – das ist der Ort, den du auch in der Vereinigung mit deinem Liebsten erleben wirst, wenn ihr Raum und Zeit verlasst.

Wir nennen den Orgasmus in der Sexualität den kleinen Tod, denn auch hier kann sich die Tür zum Himmel öffnen, wenn die Liebe fließt. Du hast es in der Hand, du erkennst die Macht, bist 'ermächtigt'! Es wird schöner sein, als alles, was du bisher gekostet hast. Erinnere dich, du hast es in vielen Augenblicken schon berührt und die Weisheit in dir erinnert sich, wenn es geschieht – nicht nur in der Sexualität.

Angemessene Kleidung

*Gut für dich sorgen ist mehr wert, als anderen
die eigene Unabhängigkeit beweisen zu wollen.*
Tania Konnerth

Liebe Freundin!

Kleide dich in Gewänder, die du magst, die dir gefallen, deinen Körper
umschmeicheln. Stoffe berühren deine und auch seine Haut, die weich
und fließend eure Körper streicheln.

Wähle keine ,Reizwäsche', die ihn aufgeilen, scharf auf dich machen
soll. Sonst bedient er dich wie früher. Dann könnte er wieder sein
Schwert, seinen aufgerichteten Penis, gegen dich richten. Die Wut über
sich selbst, in dir nicht wecken zu können, was dich zu einer Liebenden
macht, wird dich aufspießen. Reize einen Stier und er tut das Gleiche.
Es ist seine Natur. Warum künstliche Reize, wenn er es dir sein
königliches Zepter nur zu gerne aus Liebe und ganz freiwillig schenkt?!

Bitte erzähle mir nicht, dass du das magst. Rein, raus, Hände, die dich
packen, Macht, Schmerz, Geilheit, Gier, unstillbarer Durst, harte
Worte, Kampf. Du bist es vielleicht mittlerweile gewohnt, kennst
nichts anderes und falls doch, dann immer nur für kurze Augenblicke.
Du darfst das alles weiterhin gut finden und praktizieren, doch wie
wäre es, wenn die schönen Augenblicke mehr werden könnten, was
würdest du wählen, liebe Freundin? Harten, männlich geprägten Sex,
den wir übernommen haben, weil wir es nicht anders wussten? Oder
ein Tanz zweier Seelenanteile? Ist dieser Kampf im Sex wirklich die
Liebe, die du dir wünschst? Ja?! Es steht dir frei, deinen Körper
weiterhin auf diese Weise zu befriedigen, doch sei nicht erstaunt, wenn
deine Seele vertrocknet und verwelkt wie eine Herbstblume.

Verstecke dich nicht mehr länger hinter falschen Verkleidungen –
weder außen noch innen. Dein Liebster möchte dich sehen, so wie
Gott dich erschuf. Adam und Eva waren einst auch nackt und alles war
paradiesisch. Als sie anfingen zu erkennen, zu trennen, zwischen gut

und böse, schön und hässlich wollten sie sich bedecken und schämten sich. Wie schade, denn was könnte schöner sein, als Gottes ‚nackte Liebe' zu sein?

Deine Verpackungen lassen in ihm die Spannung wie auf ein schönes Geschenk ansteigen. Über-rasch-ung!! Schau dir dieses Wort genauer an. Ein Bild wird erzeugt und ÜBER das geschoben, was wahr ist. Wie RASCH folgt dann das Erwachen in der Realität. Was ist so unangenehm an dem, wie du wirklich bist? Du bist schön, du warst es immer schon!

Ja, mag auch sein, dass es ein schönes Gefühl für dich ist, deine Macht über ihn zu spüren, wenn er dich so lüstern anschaut und alles für dich tun würde. Doch es endet in der Ohnmacht, wenn seine Energie zu schnell nach oben steigt, in einen Himmel der Vorstellungen, die letztlich nicht viel mit dir und deinem Herzen zu tun haben. Und er verlässt dich und deinen Schoß, bevor du ihm folgen konntest. Letztlich geht ihr so jedes Mal ‚fremd'. Wie tragisch ist das denn?!

Besonders in langen Beziehungen geschieht immer wieder das Gleiche. Ihr seid zusammen, haltet euch umschlungen, schließt die Augen und denkt euch etwas anderes aus – so viel vergeudete Zeit, die ihr doch eigentlich gemeinsam verbringen wolltet! Er war nicht bei dir und du nicht bei ihm. Ihr habt Vorstellungen in den Raum gebracht, die eure Aufmerksamkeit und damit eure Energie bekamen. Ihr habt euch nicht mehr angeschaut und mit dem Augenblick (AUGEN-BLICK) beschenkt – wie schade!

Achte stets darauf, sein Feuer auf gelinder Flamme zu halten. Er bringt dir das Feuer, das dein Heiligtum, deinen Schoß, erhellen und wärmen wird. Du bist die Hüterin des Feuers - und damit auch seines Feuers! Schon immer war das die Aufgabe der Frauen.

Der kritische Blick

Das Leben ist bezaubernd, man muss
es nur durch die richtige Brille sehen.
Alexandre Dumas

Liebe Freundin!

An dieser Stelle möchte ich mich noch einmal über ein altes Thema mit dir austauschen, welches wir schon betrachtet haben. Unsere Aufmerksamkeit wird an diese Stelle Heilung bringen.

Was erwartet dich jetzt? Ja, du bist aufgeregt. Wird es diesmal so sein, wie du es dir wünschst?! Deine Gedanken gehen schon wieder spazieren, pflücken wie Kinder auf der ganzen Gedankenwiese Blumen und bringen sie freudig zu dir. Du hast die Wahl, doch es fällt dir schwer, dich nur für eine Sorte zu entscheiden.

Doch was ist das?! Sieht aus wie Unkraut! Eine roséfarbene Blüte inmitten der vielen roten. Wie sieht das denn aus?! Das passt überhaupt nicht zu meinem ästhetischen Empfinden. Wie konnte diese Blüte sich nur hierher verirren, sie stört meine Vorstellung von Schönheit – wie werde ich sie nur los?!......

Doch was sehe ich da im Spiegel?! Ist da etwa eine Falte, ein Fettpolster, eine Schwachstelle an meinem Körper? Ich werde alt! Schau nur da, oh Gott, ein graues Haar, und da noch mehr davon. Wie lange habe ich noch, muss ich jetzt bald sterben?! So kann ich ihm nicht gefallen, niemals! Meine Brüste haben sich auch der Schwerkraft ergeben. Mein Bauch ist gezeichnet von den Schwangerschaften, allen Diäten und Fastenkuren. Wie sehe ich nur aus?!

So dachten wir in uns: ‚Ich will perfekt sein – für ihn, ach nein, natürlich für mich!‘ Mittel und Wege lassen sich finden, sicher, heute kein Problem mehr, wenn das nötige Kleingeld da ist.

Liebe Freundin, höre was ich dir zu sagen habe, als ‚alte, über 50-jährige Frau', an den Schläfen leicht ergraute, mit Falten und ein paar Fettpölsterchen gezeichnete, der Schwerkraft ergebene Dienerin der Liebe:

Wir, du und ich, werden niemals perfekt sein! Die Welt ist nicht perfekt, niemals! Sie verändert sich ständig. Sie ist spätestens dann nicht mehr perfekt, wenn wir kommen! Wir rennen in die falsche Richtung!

Doch eines sind wir, waren es von Anbeginn an und werden es immer sein:

Wir sind VOLLKOMMEN!

Reicht uns das denn nicht? Müssen wir der Vergänglichkeit unseres Körpers ständig um einen Schritt hinterher hinken?

Du kennst mich mittlerweile ein wenig und weißt, wie sehr ich es liebe die Worte tiefer zu durchdringen. Schau wie ich das tue:

Wir sind VOLL-KOMMEN! Wir sind VOLL mit Liebe! Und wir sind geKOMMEN um die Herzen der Welt damit zu beschenken.
Du kannst es auch in spiritueller Weise deuten: Wir sind voll von Liebe und ‚kommen' zum Höhepunkt in der Vereinigung mit unserem Spiegel. Wenn wir uns vereinen, SIND wir EINS mit allem was ist!

Lieber Freund!

Magst Du Mario Barth? Dann höre ihm zu, lache laut und herzlich und lerne tiefer zu hören - so wie er es bei seiner Freundin getan hat.

Weißt du, warum ich über ihn lachen kann?! Weil er uns Frauen so karikiert, wie wir uns nach Außen zeigen. Meine Freundinnen und ich sind immer wieder erstaunt, wie wahr das ist, was er dort auf der

Bühne erzählt. Wir lachen mit, doch in uns ist auch Traurigkeit, sich selbst einmal so zu betrachten.

Wir haben den kritischen Blick mit uns so sehr übertrieben, dass wir nicht mehr herausfinden aus dieser Sichtweise. Wir sagen nicht, was wir wirklich möchten. Wollen Antworten auf Fragen, die wir nicht stellen, führen euch in unseren Ratespielen herum. Wir sind böse, wenn du nicht das errätst, von dem wir selbst nicht wissen, was es ist.

Vorsicht – sei wachsam!

Hier ein paar Fangfragen, die Frauen benutzen und du sicher schon gehört hast. Meinen sie das ernst? Denken sie nur laut? Pass auf, mein Freund! Sie führen immer in den Schmerz der Verstrickungen und Missverständnisse:

‚Ich sehe heute wieder unmöglich aus......
Findest du, dass ich zugenommen habe? Komm sei ehrlich, ganz ehrlich!
Ich werde alt......
Ich bin so müde, grau, unansehnlich, unpässlich, verstimmt......
Ich habe nichts anzuziehen, zum Ausgehen, zum Weitergeben.........'

Was sie sagt und worüber sie scheinbar laut nachdenkt, kommt aus ihrer Sammlung der kritischen Sicht auf sich selbst. Letztlich wollen wir nur eines: Hören, sehen, fühlen, erleben was Liebe ist.

Sei still, wenn sie so spricht, antworte niemals ,ohne deinen Anwalt' – es sei denn, du möchtest den Abend neben einer frustierten Frau verbringen. Es sind Fragen, die die böse ,Stiefmutter von Schneewittchen' in Form eines vergifteten Apfels an dich reicht. Nimm ihn nicht! Du hast vielleicht nicht immer die Wahl, aber die Möglichkeit anders zu entscheiden, als du es bisher getan hast.

Schau sie an! Spüre wo sie ist! Schau auf die Liebe hinter all ihren Worten, vergifteten Äpfeln, Gürteln, Kämmen und frage sie in dieser Weise:

‚Was kann ich tun, dass du wieder hier mit mir lebendig bist?!

Wenn sie nicht sofort zurückkommen kann, dann bleibe einfach bei ihr, sei ein Leuchtturm im tobenden Sturm. Lass sie reden, bis sie sich beruhigt, bis das Meer wieder glatt wird. Das ist es, was sie sich wünscht, dass du stehen bleibst. Dann kann sie zurück zu dir kommen, weil du geblieben bist. Sie wird dich nicht töten. Sie testet, ob du sie aushalten kannst, sie achtest, ihrer Liebe würdig bist. Lass dich nicht beeindrucken. Renne bitte niemals weg, selbst wenn sie sagt, du sollst das jetzt tun. Gehe einen Schritt zurück, dass sie erkennt, dass du sie ernst nimmst und hörst, doch dreh dich nicht um. Sie will keine Lösung von dir, keine Ratschläge, was sie jetzt tun sollte. Sie tut es bereits, siehst du es?! Sie tobt, braust auf, wird vom inneren Sturm der Emotionen aufgewühlt. Sie muss das tun, das ist ihre Natur. Sie ist das Meer und sie ist verletzt worden, in all den Jahren ihre Lebens.....

Vielleicht erlaubt sie dir, ihr diese Geschichte vorzulesen und euer beider Schmerz kann heilen. Vereinbart es, in ruhigen Zeiten, was du für sie tun kannst, falls sie im Sturm nicht zu bändigen ist.

Der Leuchtturm und das Meer

Vor langer, langer Zeit – niemand weiß mehr so genau, wann es begann – es muss zu jener Zeit gewesen sein, als die Menschen beschlossen zu helfen und Gutes zu tun, wurde der erste Leuchtturm entworfen.

Die Idee war einzigartig, der Wunsch Seeleute vor dem Ertrinken zu bewahren, nur allzu menschlich und alle fühlten sich wohl, im Hinblick auf eine Zukunft in der kein Schiff mehr an den verborgenen Klippen, die unter der Wasseroberfläche lauerten, zerschellen sollte. Freiwillige erklärten sich bereit mitzuhelfen, wollten die Ersten sein, die dieses gefährliche Unterfangen umzusetzen wagten. Alles war bereit und der Bau konnte beginnen, doch in all dem Eifer war vergessen worden, diejenige um ihr Einverständnis zu bitten, die am unmittelbarsten betroffen war: Die unendliche Weite des Meeres.

Frau Meer ahnte nichts von dem Vorhaben der Menschen. Sie tat das, was sie immer schon getan hatte, nahm alles auf, was in ihren Tiefen versank und bettet es in ewigen Schlaf. In ihr erschienen die Dinge so anders. Selbst das Licht reichte nicht hinab bis in ihre tiefste Tiefe, jedes Geheimnis fand einen sicheren Ort in ihrem Schoß.

Ihre Bewohner lebten nach anderen, geheimnisvollen Gesetzen. Oben auf der Erde atmeten die Menschen mit ihren Lungen, hier unten hatte man Kiemen. Es war, als gäbe es zwei Welten auf ein und demselben Planeten. Und alle genossen ihr Leben, ohne sich je über das Dasein des Anderen Gedanken zu machen.

Gab es Unstimmigkeiten, dann brauste Frau Meer auf und ließ tosende Wellen auf alles los, was sich weigerte ihre Wünsche zu respektieren. Die Schiffe wollten sie befahren, beschmutzten sie mit ihrem Müll, sie ließ es geschehen. Dann raubten sie ihr die Fische, zogen große Netze hinter sich her und alle nahmen, ohne sie zu fragen.

Frau Meer schaute zu und weinte ihre stillen Tränen, die das Wasser so salzig machten.

Die Menschen verstanden ihre Tränen nicht, hörten nicht die Worte, die sie sprach und mit jeder Brandung zu ihnen sandte. Sie hatten Angst vor dem Meer, verstanden nicht, warum es so anders war – manchmal so sanft und glatt wie ein Spiegel, dann wieder aufbrausend und gefährlich wie ein wildes Tier.

So taten die Menschen das, was sie immer tun, wenn sie die Zeichen der Elemente nicht verstehen, sie handelten eigenmächtig und begannen mit dem Bau des ersten Leuchtturms.

Frau Meer war wütend! Wieder eines dieser übergriffigen Bewegungen der Menschen. Sie tobte und brauste, bäumte sich auf zu meterhohen Wellen, doch nichts half. Immer wieder kamen Menschen und setzen ihr Handeln fort.

So wie sie, wollte auch Frau Meer ihre Aufgabe erfüllen und all die Schiffbrüchigen, die in ihr den Tod fanden, hinab in die Tiefe begleiten, wo sie ihre letzten Ruhestätten finden sollten. Was würde geschehen, wenn niemand mehr den Tod in ihren Armen fand, wenn der Leuchtturm verhindern würde, dass Schiffe sinken? Sie kannte ihren Auftrag und für diesen wollte sie gegebenenfalls sogar kämpfen.

Doch all ihr Aufbegehren war vergebens. Der Leuchtturm wurde erbaut und ragte nun wie ein Nagel in ihrem Körper. Sie fühlte den Schmerz mit jeder Bewegung. Sie musste erkennen, dass ihr Widerstand nichts bewirkt hatte. Mit jeder Welle spürte sie ihre Machtlosigkeit in all ihrer Stärke, doch sie wollte nicht aufgeben, wusste aus Erfahrung, wie ausdauernd ihre Arbeit war und dass die Zeit ihr die Genugtuung für ihre Belange bringen würde. Sie wusste, was es heißt beharrlich zu sein und zu warten. Bis dahin wollte sie kämpfen, ohne Unterlass und sandte Welle um Welle, die sich an dem Leuchtturm brachen.

Zur gleichen Zeit schaute der Leuchtturm auf das Meer und hörte ihr Toben und ihre Verzweiflung. Was sollte er tun, war er doch errichtet worden, um die Schifffahrer zu warnen, sein Licht auszusenden und, das war das Wichtigste, seinen Standpunkt niemals zu verlassen. Die Menschen hatten ihn verankert, einzementiert, fest genietet, mit Stahl verstärkt, ihn für die Ewigkeit konstruiert und somit zur Bewegungslosigkeit verdammt.

Anfangs schrie er jeder Welle entgegen, wollte überleben wie sie, doch sein Schreien erstarb im Tosen des Wassers.

So verging die Zeit und er wurde stiller, lernte anzunehmen, dass es so ist wie es ist. Wie oft hatte er jeder Welle erklärt, warum er hier war, doch schon die nächste wollte es ebenfalls hören, verstand es nicht und zerbrach an ihm.

Mit den Jahren lernte er, die Verschiedenheit der Wellen zu erkennen, doch wirkliches Verstehen blieb ihm nicht vergönnt. Darin war er jeder Welle gleich, denn auch sie verstanden ihn nicht.

Die Erkenntnis nichts mehr tun zu können, brachte ihm irgendwann die verdiente Ruhe. Auch diese konnte er anfänglich kaum genießen, doch er stand, tat seinen Dienst, für den er errichtet worden war. Er lernte, was es heißt zuzustimmen und lies einfach los.

Frau Meer spürte es, dass sich etwas verändert hatte. Alles Kämpfen hatte keine Einsicht gebracht. Sie hatte sich mittlerweile daran gewöhnt, nicht ‚gefühlt' zu werden. Sie wollte nicht von oben herab verstanden werden. Ihre Sehnsucht, gespürt zu werden, geachtet für das was sie war, das tiefste Gefühl, die größte Bewegung, Fruchtbarkeit, Leben und Tod – wurde stärker mit jedem Tag.

Auch nachdem der Leuchtturm still geworden war, besänftigte sich ihre Oberfläche nur unmerklich. Sie umspülte die Basis des Leuchtturms, durchdrang ihn mit ihrem Wasser und fühlte, was er fühlte, erkannte, dass auch er nur das tat, was seine Aufgabe war, den Menschen ein Licht zu senden, an dem sie Orientierung finden konnten. Er wollte sie nicht verletzen, das konnte sie jetzt, nachdem sie sich wieder auf ihre eigene Tiefe besann, spüren. Er hatte den gleichen Wunsch wie sie, seine Aufgabe mit seinem ganzen Sein auszufüllen.

Sie fühlte noch tiefer, denn diese Einsicht hatte die Liebe in ihr erweckt und sie erkannte, dass er kein Nagel in ihrem Körper war, sondern auf dem Grund des Bodens stand, der auch ihre Grundlage war. Die Mutter Erde, der Boden, der ihr das Gefäß bot, in dem sie sich ergossen und gesammelt hatte und mit dem sie in stiller Demut diente. Längst wußte sie, dass es dieser Boden war, dieses Gefäß, welches ihr den Rahmen bot, alle Schönheit des Himmels widerzuspiegeln.

Das Blau des Himmels hätte sie nicht schmücken können, wäre sie ohne dieses bergende Gefäß der Erde unter ihr. Die Luft diente ihr, um die Schönheit der Wellen zu gestalten, das Feuer erwärmte ihre Tiefen, damit sie fließen konnte und nicht zu Eis erstarrte. Schon lange war sie mit den anderen Elementen im Einklang und nun spürte sie, dass der Leuchtturm kein Feind war. Er tat, wofür er bestimmt war, genau wie auch sie.

Das war die Zeit, in der Frau Meer mit dem Leuchtturm zu sprechen begann. Sie erzählte ihm von Welten, die sie gesehen, die sie umspült hatte, brachte ihm Geschenke aus ihrer Tiefe, all das, was er, der er so gebunden war an einen einzigen Ort, niemals würde sehen können. Sie ließ es ihn fühlen und er lauschte ganz still, wenn sie erzählte und in ihrer Wildheit alles in Bilder kleidete. Nun konnte auch er sehen, durch ihre Augen und nahm es dankbar als Geschenk an. Er erkannte, dass sie einander ergänzten, sie in der Bewegung und er in der Stille.

Manchmal, wenn ich am Wasser sitze, dann kann ich es sehen, wie Frau Meer den Leuchtturm beschenkt, lustige Gebilde zaubert, den Wind einlädt ihr behilflich zu sein, damit sie einem guten Freund, von dem berichten kann, was er in seiner Gefangenschaft der Bewegungslosigkeit niemals wie sie sehen kann.

Er fühlt sich schon lange nicht mehr angekettet an das Meer, er ist standhaft und hilft den Seefahrern, ihre Fahrt sicher fortzusetzen. Mit seinem Leuchtfeuer beschenkt er Frau Meer, weiß er doch, sie wird niemals von sich aus leuchten können, spiegelt sie doch stets nur die

Farben, die sich in ihr brechen. Und so pflegen sie ihre Freundschaft, wie zwei Menschen, die einander verstehen, ohne den anderen verändern zu wollen.

Das Fest beginnt

,Tritt ein und heilige dich, denn noch bist du ein Thor!
Und nicht ewig wirst du Sonne atmen, Sterblicher!'

Liebe Freundin,

mit diesen Worten würdest du an der Pforte eines Tempels aus alten Zeiten empfangen werden. Sie laden dich ein einzutreten, doch sie sagen dir auch, dass alles weltliche Denken einen Thoren, einen Dummkopf, aus uns macht. Wir wissen letztlich nur, dass wir nichts wissen.

So lange wir Sterbliche sind in dieser Welt, dürfen, ja sollten wir uns des Körpers bedienen, den wir als Kleid um unsere Seelen gelegt haben. Er dient uns als Instrument, als Gefährt, als Haus in dieser Welt. Also lernen wir doch, dieses Instrument so meisterlich zu stimmen, dass das Lied der Liebe unser Leben erfüllt, süßer und schöner als je zuvor. Das ist möglich! Denke daran: Alles was du hier liest, dir selbst ausdenken kannst, das ist möglich. Wir erschaffen mit der Kraft des Denkens. Deshalb ist es so wichtig zu erkennen, was du gerade denkst. Dazu an anderer Stelle mehr.

Nun ist der Raum gerichtet, du hast deinen Körper vorbereitet, in eine liebende Schwingung versetzt. Dein Partner hat es in gleicher Weise getan. Er hat sich ebenfalls auf das königliche Fest vorbereitet. Es kann sein, dass ihr beide nun sehr aufgeregt seid, von all der Vorbereitung und dem was euch erwarten wird.

Werdet still!

Die Ruhe ist eine liebenswürdige Frau und
wohnt in der Nähe der Weisheit.
Epicharmos

Liebe Freundin!

Setzt euch nun gegenüber voneinander, legt die Hände locker auf euren Oberschenkeln ab, lasst einen kleinen Abstand zwischen euch, damit die Körper einander nicht berühren und ihr euch anschauen könnt. Tragt anfangs ein leichtes Gewand, das eure Körper verhüllt, damit die alte Lust der optischen Eindrücke keinen Raum für Phantasien bieten kann. Auch hilft es, die eventuell aufkommende Unsicherheit über das Angeschautwerden in deiner Nacktheit, zu mildern. Besonders, wenn ihr euch schon lange kennt und oft miteinander ,geschlafen' habt, ist der Augenblick des Hinschauens immer wieder neu. Wie siehst du deinen Partner in diesem Moment?

Sich in der alten Form sexuell zu begegnen, ist wie ,schlafen' und du hast es ja auch immer so benannt. Die wahre Liebe in dir braucht deine Wachheit. Da ist die Formulierung, wir haben zusammen geschlafen, nicht mehr angemessen – du wirst es spüren.

Schaue deinen Partner an, liebe Freundin, Königin und Gastgeberin dieser Nacht. Lass (dir) die Zeit, sie wird für euch stehen bleiben, wenn ihr euch in der Liebe zu diesem Augenblick ganz neu begegnet.

Beginne mit seinem Gesicht, sieh in seine Augen – sie sind die Fenster zur Seele. In ihnen findest du auch deine Seele – schau hin! Nimm wahr was du siehst, male seine Konturen mit deinem Blick nach - wie eine Malerin erfasse jedes Detail, spüre wie es sich anfühlt, ihn so zu berühren. Halte die Aufmerksamkeit ganz im Moment. Spüre, wie dein Blick liebevoll über sein Gesicht streicht.

Wie dich sein Blick berührt, vielleicht sogar unsicher macht. Es kann sein, dass du dich erst daran gewöhnen musst, einfach nur angeschaut

73

zu werden, ohne das lüsterne Verlangen in seinem Gesicht zu lesen. Lass die Gefühle, auch den Schmerz kommen. Stimme dem zu und gehe einfach mit. Sei ganz still. Das ist in Ordnung. Es ist gut, wenn sich der Schmerz löst, der letztlich deinen Schoß hart gemacht und zu einer ‚Möse der Macht und des Kampfes' hat werden lassen. Das darf jetzt heilen!

Siehe, er liebt dich, ist deiner Einladung gefolgt! Lege alle alten Gedanken und Vorstellungen ab – er ist hier, bei dir, in diesem Moment.

(Hast du keinen Partner, liebe Freundin, dann nimm einen Spiegel und schau hinein. ‚Spieglein, Spieglein an der Wand, wo ist die Liebe in meinem Land?' Was siehst du? Schau in deine Augen, berühre die Seele in ihnen. Schenke dir die gleiche Liebe und Aufmerksamkeit, die du deinem Liebsten schenken möchtest, in diesem Moment. Du kennst doch die Aussage: Liebe deinen Nächsten wie dich selbst! Fange also bei dir an. Was willst du verschenken, wenn du es nicht hast, nicht spürst, nicht kennst?! Du kannst nur geben, was du hast und selbst bist! Sei dir der kostbarste Mensch, den du beschenken möchtest.)

Männer sind dazu geboren, Frauen zu lieben, so glaube ich den Worten von Barry Long. Sie möchten uns lieben und mit ihrer Liebe füllen. Sie möchten sich mit uns vereinigen, um gemeinsam mit uns zu einer einzigen strahlenden Sonne zu werden. Erweisen wir uns dem König doch als würdige Königin und wählen ihn aus, erlauben wir ihm, uns mit seiner Liebe zu beschenken.

Mein Freund!

Zügle deine alten Begierden und Gedanken. Halte den Festsaal rein von all dem was du an pornographischen Bildern kennst und dir ausdenkst. Der Körper deiner Liebsten, einer jeden Frau, ist so fein ausgerichtet, dass sie alles, wirklich alles empfängt, was du an Schwingung mit dir trägst (dazu an anderer Stelle mehr). Hab' keine Angst, keine Bedenken, dass sie sich wieder entziehen wird. Sie spürt deine Unsicherheit als wäre es ihre eigene und wird versuchen, dir die Angst zu nehmen, doch dann ist die Angst wieder in ihr und lässt ihre Blume der Liebe austrocknen. Sprich auch du aus, wenn da Ängste sind, das wird sie sofort beruhigen, denn so erkennt sie, dass sie es bei dir lassen kann.

Fakt ist: Sie hat dich eingeladen und ist bereit, ein Fest der Liebe mit dir zu feiern. Du bist von ihr erwählt worden, als der König, den sie an ihrer Tafel willkommen heißen möchte. Niemand Anderer ist gemeint, nur du!

Schau deine Partnerin an, berühre ihr Gesicht – nur ihr Gesicht! – mit deinen Blicken. Streichle ihr Gesicht mit deinen Blicken, ohne deine Hände zu benutzen. Gehe lieber langsamer vor, als du es gewohnt bist und bleibe wach. Auch sie wird immer wieder ‚einschlafen' und in alten Bildern, Geschichten, Vergangenem verschwinden wollen.

Erinnere sie sanft daran, dich anzuschauen, dir zu sagen, was sie führt und mit dir hier zu sein. Ihr beide könnt diesen Raum nur gemeinsam, als Königin und König ausfüllen. Augenblicklich ist die Liebe, der Geist Gottes mit euch – das ist euer Geschenk und euer Reich!

Der andere Blick

"Die wirkliche Entdeckungsreise
besteht nicht darin,
neue Landschaften zu erforschen,
sondern darin,
mit neuen Augen zu sehen."
Marcel Proust

Liebe Freundin!

Bist du nun mit deinem Liebsten zusammen und anfangs fällt es dir schwer mit offenen Augen ganz bei dir zu bleiben? Bist immer wieder gedanklich bei ihm, fragst dich, was er jetzt wohl denkt, fühlt, sich von dir wünscht? All das ist für diesen Moment nicht wichtig. Du kannst immer nur fühlen, was du in dir fühlst und es ihm mitteilen. Sprich leise davon, was du in dir wahrnimmst. Benenne es ohne Interpretationen. Spürst du ein Kribbeln in deiner Brust, ein Flattern im Herzen, fühlst du Aufregung? Nimm wahr, was in deinem Körper geschieht. Du wirst erleben, wie es ruhiger wird, sobald du es ausgesprochen hast. Sprich es (her)aus, lege bestenfalls deine Hand an diese Stelle, und dann sei still. Schließe deine Augen, wenn es dir so besser gelingt ganz bei und in dir zu sein.

Bitte deinen Liebsten, dich dabei anzuschauen, bei dir zu bleiben und zu hören, was du zu sagen hast.

Wenn du ganz bei dir bist, wirst du sehr deutlich spüren, wann, wo und ob du seine sanfte Berührung wünschst. Doch lass dir Zeit erst einen Moment alleine in dir zu reisen. Lerne zuerst mit deiner vollen Aufmerksamkeit ganz in und bei dir zu sein, indem du für euch deine Empfindungen beschreibst. Erzähle ihm keine alten Geschichten, sag ihm, was du in diesem Moment in deinem Körper wahrnimmst. Beispielsweise so: Da ist im Moment ein Kribbeln, als würden dir Ameisen über die Haut laufen; dort spürst du vielleicht nichts, wie ein dunkler, stiller Raum; hier ist Schmerz, ein Brennen, wie das eines Feuers; dort ist Unruhe, wie das Flattern aufgeregter

Schmetterlingsflügel; dein Herz schlägt wie das eines kleinen, aufgeregten Vogels; oder es ist ruhig, wie die Tiefe eines blauen Sees; was auch immer, es wird ihn beruhigen, deine Stimme zu hören und ihn im Augenblick halten. Schenke ihm das, was du fühlst, in liebevollen, schönen Worten.

Lass dich nicht ‚be-ein-druck-en' von ihm und seiner lustvollen Energie. Bleibe ganz bei dir. Sein Körper wird mit dem deinen schwingen wollen – darauf wurdet ihr beiden in der Vergangenheit konditioniert. Das kann für ihn so erregend sein, dass er dich in alter Weise berühren und durchdringen möchte. Wenn du das wahrnimmst, dann sprich es deutlich aus und bitte ihn, sein Feuer zu beruhigen.

Ja, ich weiß es aus eigenem Erleben, da ist die Angst, den romantischen Augenblick damit zu zerstören. Willst du einen Schritt weiter gehen, meine Liebe? Dann schalte das Licht der Aufmerksamkeit an, schau dich um, hinter all den Träumen, erwartet dich das Jetzt - das ist Liebe!

Sag ihm, dass er deiner Liebe sicher sein kann. Wenn er warten lernt, bis du bereit bist, wird sich für ihn alles erfüllen, was er so sehr ersehnt, ihr werdet nie wieder Liebe ‚machen'. Ihr werdet Liebe ‚SEIN'!

Sei dir gewiss! Deine Liebe ist es, nach der er sich sehnt, nicht in deinem Schoß alleine und möglichst schnell zu sterben. Ist es nicht die große Angst der Männer, zu früh zu kommen?! Hilf ihm, dass er entspannt bleibt. Jegliche Anstrengung aus dem Moment etwas anderes herausholen zu wollen, als er bietet, wird die alten Muster in euch wecken und den Augenblick zerstören.

Führe ihn, denn er hat immer wieder Bedenken, ja vielleicht sogar Angst, dass er nicht bekommt, wonach er sich so sehnt. Er hat gelernt, das er sich einfach nehmen kann, was er will. Doch du weißt, dass er DICH so nicht bekommt oder erreicht. Er kann deinen Körper nehmen, auch mit Gewalt, aber dein Herz, das kannst nur du ihm schenken.

Du bist kein ‚Fast-Food'-Gericht für seine Begierden! Er wurde von dir an die königliche Tafel deines Körpers zu einem Festmahl geladen und da heißt es sich entsprechend zu verhalten. Sag es ihm in schönen Worten. Lass nicht zu, dass die derbe, männliche Sprache, diesen göttlichen Augenblick in ein ‚Stundenhotel' verwandelt!

Es kann sein, dass auch du anfangs immer wieder von der Begierde ‚über'mann't' wirst. Bitte ihn und erlaube es, dass er dich dann entsprechend erinnern darf. Seine warme Stimme, oder seine Hand auf deinem Herzen wird dich beruhigen. Nehmt euch die Zeit und ihr werdet reich belohnt mit dem einzigen was wirklich zählt und euch sättigen wird, der Liebe zum Leben in euch.

Traumland Phantasie

Die Übung der Achtsamkeit ist nichts anderes
als die Übung liebevoller Zuneigung.
Thich Nhat Hanh

Liebe Freundin!

Atmet gemeinsam und seid wach(sam).

Mach die Augen auf! Ja, mach das Licht im Zimmer der aufkommenden Phantasien einfach an, hell, grell, damit ihr beide nicht in eurer Lust alter Vorstellungen und Bilder verschwindet. Die Lust ist nicht das höchste Ziel, sie ist bestenfalls der Stoff, der euch bewegt, hin zur Liebe. Mache die Lust nicht zu deinem Gott, sonst wird sie dich zerstören! Besonders nach langen, eingeschlafenen Beziehungen, sind lustvolle Phantasien etwas, was dich lebendig halten und dich hungrig durch die Welt der Sexualität jagen. Lust sättigt dich nicht, sie lässt dich verhungern. Bleib hier, geh nicht weg in das Land 'of-no-return'. Sollte es trotzdem passieren, dass ihr zu schnell seid, die Liebe in einer Welle der Lust vergessen habt, stimmt dem zu. Seid einverstanden! Es ist jetzt so und es ist in Ordnung. Es wird weitere Feste geben, in denen ihr es üben könnt, euch wie ein Königspaar zu begegnen und den Weg zum Himmel in angemessener Geschwindigkeit zu gehen.

Welche ist das, fragst du? Für mich heißt es Schritt für Schritt, bei vollem Bewusstsein – oder hast du schon einmal einen König und eine Königin die Treppe zum Palast hoch rennen sehen?! Nein, sie schreiten und schauen sich dabei an, wissen sie doch, dass sie einem höheren Auftrag dienen – der Liebe!

Du möchtest jetzt wissen, wie du der Liebe dienen kannst?!

Es ist ganz einfach, doch es wird Momente geben, da ist es alles andere als leicht. Die Antwort darauf ist: Sei im JETZT und sei präsent! Präsent sein, das klingt wie ein Geschenk, ein 'present' und so ist es auch. Das kostbarste Geschenk, welches wir zu geben haben.

Mein lieber Freund!

Sei ganz wach in diesem Moment. Höre ihr nicht nur mit den Ohren, sondern auch mit dem Herzen zu. Anfangs kann es sein, dass sie dir alte Geschichten erzählt und diese bei dir vielleicht sogar als Vorwurf ankommen. Sei geduldig, ihr beide übt euch darin, den Moment zu benennen und die Vergangenheit ruhen zu lassen. Bitte sie um die Erlaubnis, sie erinnern zu dürfen, wenn sie die Augen geschlossen hat und du wahrnimmst, dass sie dabei ist, den alten Mustern zu folgen. Frage sie liebevoll: 'Wo bist du, meine Liebste?'

Deine Stimme wird sie in den Moment zurückholen und erinnert sie, was ihr beide hier erleben wollt. Höre genau hin, sie ist dein symbolischer weiblicher Anteil, dein Spiegel. Lerne von ihr, lass dich führen, doch behalte die Richtung im Auge, damit ihr euch nicht in den Netzen der Phantasie verliert. Sie ist nicht dafür geschaffen, den Rahmen, das höhere Ziel ständig vorzugeben. Sie füllt alles mit Inhalt und führt dich von innen heraus. Du bist dafür verantwortlich, dass das Ziel, im Augenblick präsent zu bleiben, nicht aus den Augen verloren wird.

Gelingt euch das, dann wirst du, mein Freund, Dinge fühlen lernen und erleben, die du noch nicht wusstest, oder gar erlebt hast. Dafür ist sie dir als Spiegel, als Geschenk gegeben worden. So wie Adam Eva als Geschenk bekam. Adam war der Prototyp, den Gott geschaffen hatte. Eva jedoch war die Luxusklasse. Gott hat Adam damit beschenkt.

Mein Lieber, du hast in deiner Partnerin die L-Klasse, die Luxusklasse gewählt. Warum?! Nur dafür, dass du bequemer reisen kannst? Na, ich glaube es dir sofort, dass es mit diesem 'Schlitten' oft alles andere als bequem war auf deinen Beziehungs-Reisen. Ich verrate dir etwas: Du brauchst keine andere, bessere, schönere, anschmiegsamere Luxusklasse. Luxusklasse ist Luxusklasse! Es ist an dir, die Gebrauchsanweisung richtig zu studieren, dann wirst du mehr Vorzüge deiner Luxusklasse nutzen, schätzen und genießen können.

Könnte es sein, dass du all ihre Vorzüge noch gar nicht kennst, diese nie wirklich bedient und aktiviert hast? Du wirst nach diesen Briefen wissen, wo du ihren Turbo findest, um entspannt und voller Power an dein Ziel zu kommen – einem 'bequemen', erfüllenden Leben in Liebe.

Dich, liebe Eva, hat Gott erschaffen, dass du ihn, Adam, nicht dumm sterben lässt. Hilf ihm der zu werden, der er sein kann, ein Mann der dich mit Liebe füllt und erstrahlen lässt.

Die Zauberkraft der Worte

„In uns selbst liegen die Sterne unseres Glücks."
Heinrich Heine

Meine Freundin!

Was ich Dir nun erzähle, das ist von besonderer Wichtigkeit!

Worte sind Schwingung!

Hast Du das schon einmal gehört? Ja, genau so ist es und du kennst das alles, hast es so oft gespürt. Wie oft haben sie dich gestreichelt, verletzt, zerstört? Und das mit nur einem einzigen Wort!

Wir, jede Zelle, unser ganzer Körper, ähneln einem Instrument, welches meisterlich gespielt werden möchte. Worte sind wie die Hand des Meisters, der es spielt. Sie versetzen uns in eine bestimmte Schwingung. Tue es, sprich liebevoll mit allem, was dir begegnet. Du hast das sicher schon erfahren, wenn du in Liebe bist und sprichst, dann erfüllte die Liebe die Herzen aller, die damit in Kontakt kommen. So mächtig und stark ist die Kraft deiner Worte. Am Anfang stand das Wort und das Wort war bei Gott..... Erinnere Dich an das, was du schon so oft gehört hast. Sei dir bewusst, dass du eine Schöpferin bist! Du erschaffst dein ganzes Leben mit dem, was du sprichst! Du kannst erschaffen, aber auch zerstören. Nur ein einziges Wort kann deine Welt zusammenstürzen lassen und alles was eben noch schön war, ist ohne Bedeutung. Erinnerst du dich an solche Momente?

Genau deshalb wähle die Worte mit Bedacht, die du deinem Liebsten schenken möchtest. Lade ihn ein, dein Gast zu sein und sei nie wieder 'Spucknapf' deiner eigenen Wut darüber, dass du vergessen hast, ihn zu führen. Höre auf dich unreflektiert zur Verfügung zu stellen, dich selbst zu beschmutzen und beginne damit dich zu sehen, die, die du wirklich bist – eine Königin der Nacht!

Achte darauf, nur die Worte zu wählen, die aus aus deinem Herzen kommen. Worte, die dir hart erscheinen, machen dich hart, männlich, verletzend. Formuliere sie neu, so lange bis es ein Lied der Liebe ist, welches über deine Lippen in den Moment fließt, den du gerade erlebst und spürst. Was ist lebendig in dir und wo fühlst du es jetzt?

Sprich es aus

Wo warst Du?

Wo warst Du, als ich dich so sehr gebraucht habe?
Wo warst Du, in der Nacht als ich nach Dir rief?
Wo warst Du, als ich in den Armen eines anderen schlief?

Wo warst Du, als ich von DIR gehalten,
berührt,
verstanden,
gesehen,
geliebt werden wollte?

Wo warst Du, als mein Herz brach?
Wo warst Du, genau in dieser Nacht?

WO, sag mir bitte WO?

Ich bin hier und
JETZT
bleibe ich bei Dir,
heile Deinen Schmerz,
mein Herz!

Liebe Freundin,

nun lass uns schauen, wie wir erwachen und unsere Kraft annehmen und leben können. Möchten wir doch nichts Geringeres als eine spirituelle Vereinigung mit unserem Partner, wenn wir uns getragen von der Liebe im JETZT begegnen.

Wenn du im Augenblick nichts gegen das tun kannst was ist, dann nimm es im ersten Schritt bitte an: Es ist, wie es ist! Alles was du lieber hättest, jedoch nicht ist, das erzeugt Widerstand und verstärkt alles wogegen du bist.

Du bist der Empfänger, die Frau Welt, der Mond, dein Partner ist der Sender, die Sonne. Das heißt nicht, dass du nicht auch die Sendefunktion besitzt. Du hast nur in vielen Fällen nicht als ersten Impuls die Wahl, sondern verarbeitest, was auf dich strahlt. Deine Aufgabe besteht dann darin, dem Empfangenen Bewusstheit hinzuzufügen. Schon aus der Evolutionsgeschichte wissen wir, Männer sind Jäger, wir sind Sammlerinnen und verarbeiten, was er uns bringt. Es hat keinen Sinn, das abzustreiten und sein zu wollen wie die Jäger. Nutzen wir unsere Stärken und schauen, wie wir das Beste daraus wachsen lassen können.

Erinnern wir uns an die Geschichte von Adam und Eva. Adam war der Prototyp und Eva die Luxusklasse. Eva hat alle Basics, die Ausstattung, die Adam auch erhalten hat, doch sie hat noch ein paar Extras dazu erhalten. Du fragst jetzt vielleicht, was Adam denn einzigartig macht, wenn du alles hast, was er hat. Adam gibt vor, was Eva, also wir, verfeinern. Der Prototyp bei einem Auto ist der erste Impuls, das Neue, das Einzigartige, die Idee und wir, Eva, die Frau, die Luxusklasse sind dieser Prototyp in der gebrauchsfähigen Luxusklasse. Mit Adam hat Gott vorgegeben, dass wir Menschen sind und keine Tiere. Somit ist Adam der 1. Impuls und wir sind Gottes nächstes Werk, Adams Spiegel(bild). Warum sollte er in der 2. Auflage nicht auch zusätzliche Extras eingebaut haben. Er sah doch, dass es noch Erweiterungsbedarf gab.

Adam täte gut daran, jetzt deine Extras zu erkennen und diese für sich als Geschenk zu sehen.

Dein Extra ist das, was du an Gefühl und Erkenntnis dem hinzufügen kannst, was er in den Raum hineinstrahlt, den ihr beide gerade besucht. Alles was du wahrnimmst, ist für deinen Partner wichtige Information, um ein gemeinsames Lied der Liebe spielen zu können.

Hier ein Beispiel aus bisherigen sexuellen Begegnungen:

Der Mann betritt den Raum und nach einiger Zeit spürt er, dass es an der Zeit ist, einen Wunsch zu äußern. Er hat vielleicht einen Traum, den er schon lange mit sich herumträgt und noch nie wirklich darüber gesprochen hat. Er erzählt dir davon und du bist vielleicht sogar erschrocken und geschockt, wie er jetzt über, aus deiner Sicht, solch unromantische Dinge mit dir sprechen kann. Er möchte Sex mit dir in einer Weise, wie du es tun könntest, es gar nicht möchtest, und längst gemerkt hast, dass es dir nicht die Nähe bringt, die du möchtest.

Was hast du bisher getan?! Hast du sofort zugestimmt, um ihn nicht gleich am Anfang zu verlieren? Hast du ihn hingehalten, vielleicht Andeutungen gemacht, dass du darüber nachdenken willst? Was auch immer du getan hast, oder nicht, jetzt geht es darum 'eine Königin der Nacht zu sein'.

Was tut eine Königin, sie hört sich an, was ihr zugetragen wird, sie zieht sich zur Beratung zurück und gibt dem Antragsteller eine klare Antwort.

All das geschieht auch in eurer Begegnung. Du nimmst wahr was im Raum geschieht, was er mitbringt in den Raum – erinnere dich, das ist deine Stärke, du kannst dich leer machen, indem du still bist und schaust. Sprich aus, was bei dir ankommt, damit ihr evtuelle Missverständnisse klären könnt. Das setzt voraus, dass du wach bist im Moment.

Lieber Freund,

was glaubst du, warum hat Gott Eva erschaffen? Nur, weil du so alleine warst? Nein, sicher nicht! Du hattest genug zu tun. Es gab jede Menge zu benennen, die Tiere, die Pflanzen, das ganze Paradies. Nein, er wollte, dass du einen Spiegel erhältst in den du schauen kannst, damit du dich erkennst.

Doch Eva kann noch viel mehr. Sie ist multi-tasking-fähig – was bedeutet das für dich? Sie hat viele Extras, die du nutzen kannst, um noch einen umfassenderen Einblick in die Welt der Liebe zu erhalten.

Wenn du eine Frau mit deiner Liebe füllst, ihr gerne zuhörst, dich nicht vom wilden Meer ihrer Gefühle beeindrucken lässt, dann ergänzt ihr einander in wunderbarer Weise. Du musst nicht lernen wie sie zu sein und sie muss nicht lernen wie du zu sein.

Worum es in eurer Beziehung geht, das beschreibt ein Gedicht von Rainer Maria Rilke sehr treffend:

Es ist nicht unsere Aufgabe einander näher zu kommen
so wenig wie Sonne und Mond zueinander kommen
oder Meer und Land

Unser Ziel ist, einander zu erkennen
und Einer im Anderen das zu sehen
und ehren zu lernen
was er ist

des Anderen Gegenstück und Ergänzung......

Bitte keine alten Geschichten

Erfahrungen sind Wegweiser – keine Lagerplätze.
Georg Bernhard Shaw

Liebe Freundin,

da es von besonderer Wichtigkeit ist, die 'alten Geschichten' zu verabschieden, hier ein weiterer Brief zu Ergänzung des vorherigen.

Benenne was gerade lebendig in dir ist, ohne in alte, emotionsbeladene Geschichten abzuschweifen. Kommt dein Partner in den Raum und du spürst, dass er aufgeregt ist, dann sprich es in dieser Weise aus: ‚Ich nehme eine Aufregung in mir wahr'.

Du nimmst letztlich alles IN DIR wahr. Du kannst ihn zwar fühlen, aber immer nur in dir. Also ist die Formulierung sehr richtig. ‚ICH NEHME WAHR' – das ist DEINE Wahrheit in diesem Moment und es kann auch sein, dass es nicht seine ist. Du bist zwar sein Spiegel, doch du bist nicht der Betrachter. Er ist dein Spiegel und du bist die, die sich selbst in ihm sieht. Doch dazu später mehr.

Verabschiede dich davon, dass einer von euch beiden Recht haben muss, oder will. Recht haben wollen trennt euch voneinander. Es ist alles richtig, was du wahrnimmst und auch bei ihm ist alles richtig. Es ist bestenfalls anders, wenn ihr unterschiedlich wahrnehmt. Die Wahrheit liegt weit außerhalb dessen, was ihr beide für wahr haltet. Die Wahrheit ist so wie die Unendlichkeit des Alls im Vergleich zu Sonne und Mond. Wir können immer nur einen Ausschnitt erkennen und das hat sicher seinen Sinn – du kannst das annehmen, ich weiß das, denn auch ich kann es und bin wie du eine Frau. Wir müssen nicht alles verstehen, letztlich ist das größere Wissen stets in uns. Intuition, Vertrauen, Hingabe, Demut sind Begriffe, die beschreiben sollen, was an dieser Stelle angemessen ist.

Erzählt er dir von einem Traum, einer Sehnsucht, die er hat, dann bleibe ganz bei dir. Spüre, was es mit dir macht und halte es aus. Wenn es dir zuviel wird, dann sage: STOP! Nimm dir Zeit und antworte nicht gleich. Lass es wirken, es wirkt sowieso, nur diesmal schau zu, was in dir geschieht. Frage dich, was macht es mit mir, wie reagiert mein Körper? Will ich jetzt in einem alten Muster losrennen und ihn bedienen, wie ich es immer getan habe? Oder möchte ich erwachen und etwas Erwachtes/Erwachsenes tun?! Sei wach, das ist alles was im Moment zählt! Bewege es in deinem Herzen und dann sprich mit ihm, sprich im Bewusstsein dessen was du bist – eine Königin. Die Zeit der Magd, die ihren Herrn bedient, ist vorbei - auch das gehört zur Liebe im JETZT!

Wie bei einem Fest, zu dem du geladen hast, so bringen die Gäste Geschenke mit, tragen Kleidung, haben Einstellungen, die ungewöhnlich und vielleicht für den Anlass nicht gemäß erscheinen. Wie reagiert eine Gastgeberin - eine ‚Mondin', die jetzt eine Königin der Nacht ist? Fühle die Königin und du hast die Antwort bereits in dir!

Ja, sie führt den Gast und das Fest! Sie weiß stets was sie tut, auch wenn sie nicht alle Details vorgeben kann und möchte! Dein Gast hat auch gewählt und sicherlich gibt es Gründe dafür. Diese müssen dich nicht interessieren. Es ist wie es ist. Steigst du auf seine Geschichten ein, gibt er vor, wohin ihr geht und diese Gebiete hast du oft genug besucht. Wähle heute einmal anders. Du bist die Gastgeberin, damit führst du dieses Fest!

Lieber Freund

Bleibe wach und wenn du spürst, dass deine Partnerin von alten Emotionen, Gefühlen, eingeholt wird, bitte sie, dir zu sagen, was jetzt in diesem Raum in Verbindung mit dir stattfindet. Es wird ihr helfen, sich wieder in dem Raum einzufinden, den ihr beide gerade besucht. Alle Erinnerungen sind aus alten Zeiten und die sind vergangen. Jetzt ist es anders und es ist bestenfalls gut! Handeln könnt ihr nur im Moment, nicht mehr in der Vergangenheit und auch nicht in der Zukunft.

Sag ihr, dass du ihren Spiegel - das was sie für Dich spiegelt - sehr schätzt und das Geschenk, den Luxus, den du durch sie genießt, ihre ,Luxusklasse' erkannt hast. Emotionen sind immer Zeichen für ihre Unsicherheit. Sie glaubt mit alten Erinnerungen unterstreichen zu müssen, was sie fühlt, damit du ihr glaubst. Sag ihr, dass du ihr glaubst und es nun an der Zeit ist, hier zu sein.

Deine Liebe ist es, die sie heilen lassen kann. Glaube an sie und sag es ihr liebevoll – ihre Liebe ist dein Dank!

Die Innenschau

*Ohne Zugang zum eigenen Ich
kann man auch keinen Zugang zu anderen finden.*
Anne Marrow Lindbergh

Liebste Freundin!

Es kann passieren, dass du in dem Moment, da du nach einer Antwort für deinen Liebsten, in deinem Inneren suchst die Augen schließen möchtest. Nimm es einfach nur war, was du tust. So bist du es gewohnt und das war die Art, in der du bis hierher nach innen geschaut hast. Du wirst lernen die Augen offen zu halten und das was du innen wahrnimmst trotzdem spüren zu können.

Dir deines Tuns bewusst zu werden, erst einmal ohne es verändern zu wollen, das ist der erste Schritt zu mehr Bewusstheit für das, was in dir geschieht. Welche Geschichte oder Phantasiebilder suchst du in dir? Bist du gerade in der Begegnung mit deinem Partner? Wie träumst du, dass er dich berühren möge. Was erlebst du genau in diesem Moment? Ist es schön was du gerade spürst?

WO BIST DU? Schau genau hin! Ja, vielleicht kannst du es spüren, du bist irgendwie zwischen den Welten. Innen siehst Du das Paradies und dein Partner berührt deine Haut im Außen, dringt vielleicht in dich ein und du möchtest ihn förmlich in dein inneres Bild ziehen, ihm zeigen, welche Schönheit in dir ist. Du saugt dich an ihm fest, umschlingst seinen Körper mit deinen Beinen, umschmeichelst seinen Geist mit deiner Stimme und den Worten, die er gerne hören möchte, damit er dir all das gibt, was er hat. So spinnst du ihn ein in das Netz seiner Lust, so wie du sie immer erlebt hast, ziehst es immer enger und .... er stirbt in deinen Armen, ergießt im letzten Ausatmen seine Lebenskraft in deinen Schoß.....

Du hast es wieder geschafft! Hast bekommen, wovon du glaubtest, dass es der angemessene Preis für den Verrat an deinem Herzen ist. Du hast ihn wieder getötet, immer und immer wieder, wie eine

91

Gottesanbeterin nach der Begattung ihren Partner tötet. Du hast ihn geopfert auf dem Altar deiner Möse.

Spürst Du den Schmerz? Nimm ihn wahr! Ja, es ist unser Schmerz darüber, dass es uns nicht gelingt uns mit ihm zu verbinden, auf einer wahrhaft spirituellen Ebene.

In dieser Weise nehmen wir den Männern ihre Kraft aus den Lenden, saugen sie aus, wollen alles, bis zu ihrem und unserem eigenen Tod. Denn nicht nur er stirbt in deinem Schoß, du bleibst alleine zurück. Hungrig danach, erfüllt zu sein von seiner und deiner Liebe. Er stirbt viel zu früh, bevor du ihm von deiner Liebe schenken konntest. Bevor er sich mit dir wirklich verbinden konnte – er weiß nicht einmal was das heißt.

Was ist ein körperlicher Orgasmus im Vergleich zur Liebe?! Du weißt es, hast es so oft gespürt. Es ist noch nicht einmal die Stufe 1 von 10 möglichen. Was bleibt ist ein Schoß voller Spermien, Samenfäden, die bestenfalls deinen Körper befruchten, doch nicht die tiefsten Tiefen deines Herzens. Wie soll dieser Saft, erzwungen durch körperliche kämpferische Bewegungen, ohne wirklich geistige Vereinigung, die Rose in deinem Herzen erblühen lassen - ihr all den süßen Duft entlocken, der die Welt um euch beide in ein Meer der Schönheit tauchen könnte? In dieser Weise sicherlich nur sehr beschwerlich, körperlich ausgepowert, doch seelisch bleibt immer wieder diese Leere zurück, die du so gut kennst. Sehnt sich die Liebe in uns nicht genau danach?! Die Rosenblätter in unseren Herzen zu entfalten?!

Meine Freundin, das ist das schmerzliche Spiel zwischen Mann und Frau. Es begann, als der Verstand die Liebe lenken und mit Macht im Griff haben wollte. Ich frage dich, geht das wirklich? Können wir verstehen, warum wir uns verlieben und wie es geschieht? Ich fühle, dass das nicht gehen kann.

Dieses Spiel hat nur unserer Sehnsucht, unserer Suche nach dem Ersehnten, genährt und sie am Leben erhalten. Meinst du wirklich, daran seien SIE Schuld, die Männer? Meinst du, sie haben solch eine Macht über uns? Nein, meine Liebe, sie dienen uns immer und bedienen uns mit dem, was wir ihnen spiegeln. Spiegeln wir doch Liebe, öffnen wir unser Herz und unseren Schoß wieder für sie! Helfen wir ihnen, uns, unseren Körper, unseren Schoß, in angemessener Art zu besuchen, dann werden sie uns sicher allzu gerne folgen. Hören wir auf damit, zu glauben, dass sie es erraten könnten, wo unsere Tür des Herzens ist, wissen wir es doch oft selbst nicht einmal und erklären ständig wo diese Tür nicht ist. Männer möchten geführt werden, möchten für uns kämpfen, sind dafür geschaffen, die Liebe zu verteidigen, zu beschützen, gegen alles was sie bedroht.

Es ist an der Zeit, dass wir unsere Macht erkennen und unseren Partner führen, wie wir von ihnen geführt werden möchten. Hören wir doch endlich damit auf, den Männern die Schuld zu geben. Sollte es so etwas wie Schuld überhaupt geben, dann haben wir beide, Mann und Frau, uns schuldig gemacht, nicht aneinander, sondern an der Liebe.

Sag, wissen wir es nicht alle? Die Liebe wertet niemals, sie liebt alles und jeden. Die Liebe WEISS, sie ist Gott in seiner Vollendung. Wir haben unseren freien Willen und können jederzeit wählen, wie wir in ihr - in Liebe - sein möchten. Erkennen wir das und beginnen den Weg der Eigenverantwortung und Bewusstheit. Lassen wir die Liebe wieder vorangehen und folgen ihr, dann werden wir sie erblicken und ernten, immer und überall.

Liebe dich selbst

Brich mir mein Herz, damit es weiter wird.

Chinesisches Sprichwort

Liebste Freundin,

es ist mir so wichtig, dass du spürst, was wir tun und was wir sind. Nein, es geht nicht darum einen Sündenbock zu finden. Niemand hat Schuld an all der Tragödie, die wir im Leben erfahren haben. Wir haben letztlich mitgemacht, auch wenn wir das so nicht wollten und es geschmerzt hat, ja selbst indem auch wir uns vergewaltigt haben und uns nicht mehr unserer wahren Kraft erinnern konnten oder wollten. Wie lange haben wir uns in Gedanken dafür verurteilt und waren nicht in Liebe mit uns und unserem Schmerz. Wir haben all die Angst in unserem Schoß, all die Verletzung gesammelt und zogen an, was diesen Schmerz zerstören sollte. Doch letztlich verletzten wir uns damit immer wieder selbst.

Wir ernten was wir säen! Schmerz in uns, Schmerz gesät und immer wieder Schmerz geerntet! Lass uns die Liebe nicht im Außen suchen. Dort ist nur das, was wir angezogen haben und das kommt aus dem Schmerz und dem Wunsch daran zu heilen. Fangen wir doch woanders mit dem lieben an - in uns selbst. So finden wir die Liebe und können sie auch wieder säen!

Oft hast du gesagt, ich liebe mich nicht, bin unattraktiv, zu dick, zu dünn, zu hässlich, zu egoistisch, zu brav, zu feige, zu wild, zu ungeduldig, zu unvollkommen, zu …… zu…… zu…… Siehst du was geschieht?! Du und ich, wir waren ‚ZU'. Wir waren verschlossen, vor der Schönheit und der Liebe in uns allen.

Lass uns nun gemeinsam den Weg finden, die Tür des Herzens von innen wieder ‚zu' öffnen. Lass uns nach einem Wort suchen, was das erzeugt, was wir möchten! Lass uns unsere Herzen auf-schließen… nein, das ist es auch nicht…… wieder ein ‚Auf' und ein ‚Schließen'……

welches wäre ein schönes Wort – eines das als Portal für die Schwingung der Liebe dient?

Lassen wir unsere Herzen WEIT werden. So weit, dass sie keine Grenzen mehr kennen. Das ist doch ein, wie mir scheint, so viel schönerer Schritt. Weiten wir unsere Herzen unseren Schoß und heißen wir willkommen, was kommen will in und mit uns!

Von der Domina zur Königin

Auch das glücklichste Leben ist nicht ohne
ein gewisses Maß an Dunkelheit denkbar,
und das Wort Glück würde seine Bedeutung verlieren,
hätte es nicht seinen Widerpart in der Traurigkeit.
Carl Gustav Jung

Liebe Freundin,

die innere Haltung einer Königin bedeutet kraftvoll in jedem Moment zu stehen, zu regieren, den Thron zu füllen. Das hat nichts mit Überheblichkeit zu tun oder voller Macht über dem Partner stehen zu wollen. Begegne ihm auf Augenhöhe und es wird ruhig in dir werden. Ihr teilt euch diese Aufgabe, du tust das nicht alleine, musst keine bessere ‚E-Mann-ze' sein – vergiss das nicht! E-Frau-zipiere dich und lebe deine Kraft, das ist so viel mehr!

Als Domina hattest du die Macht! Er reichte dir die Peitsche und bat dich ihn zu bestrafen, für alles, was er glaubte allen Frauen je angetan zu haben. Du hast diese Macht genossen. Ihn so vor dir zu sehen, vor dir kriechend, klein, erbärmlich zu sehen und ihn zu bestrafen, das verschaffte dir eine kurze Genugtuung. Ja, das mag ein wichtiger Schritt gewesen sein, doch letztlich hast du mit jedem Hieb auf das eingeschlagen, ob körperlich oder verbal, was du doch hierher gekommen bist um es zu lieben – deinen männlichen Spiegel, das was dich befruchtet und zu einer Quelle der Liebe werden lässt, die niemals versiegt.

Wir alle haben es getan! Wir alle haben die Domina in uns. Einige zeigen sie in Lack und Leder auf der physischen Ebene. Andere leben es durch ihre Ablehnung und Strafe gegenüber seiner und auch unserer eigenen Lust: Wir waren unpässlich, hatten Migräne, Blasenentzündung, Ausreden, wanden uns immer wieder aus seinen Umarmungen. Unsere Schösse wurden zu todbringenden Fallen, wie du es an anderer Stelle schon lesen kannst. Das ist die chronische, kranke, entartete Macht, die wir über die Männer und ihre Lust haben.

Viele Männer haben es sich dann mit Gewalt genommen – wollten uns mit ihrer Kraft zeigen, wer mächtiger ist. Sie holten sich unsere Körper, doch unsere Seele bekamen sie nicht. Das macht sie nur noch verzweifelter, doch brachte keinen Frieden zwischen Mann und Frau. Die Liebe kann ‚Mann' sich nicht holen. Diese bekommt man(n) und auch Frau geschenkt!

Die Königin der Nacht ist nicht überheblich, grausam, oder dominant! Sie erwartet niemand anderen als ihren König. Sie begegnen sich auf Augenhöhe, wissen, dass sie das Land der Liebe nur gemeinsam regieren können und nehmen diesen Auftrag im vollen Bewusstsein all ihrer Kräfte an.

Du bist der Mond, er die Sonne und ihr beide ergänzt einander, wie in der Geschichte ‚*Die Liebe zwischen der Sonne und der Dunkelheit*'. Keiner kann sich, ohne den anderen, seinem Gegenüber, in einer Begegnung erleben oder erkennen. Unser tiefster Wunsch ist es, miteinander zu teilen.

Deine Aufgabe ist es, ein Spiegel zu sein, indem du den, was du fühlst, einen ‚Namen gibst'. Das heißt, zu sagen, was du wahrnimmst, was du dir wünschst, wie du berührt werden möchtest. Du regierst dein Leben lang und du hast alle Zeit der Welt. Du bist auf dem Weg und das ist gut so!

Wie die Rose, so entfaltest du Blütenblatt für Blütenblatt der Liebe und der Duft wird immer stärker. Niemand würde der Rose beim Öffnen der Blütenblätter nachhelfen wollen, weiß doch jeder, dass sie dann sterben würde. Sie entfaltet ihre Kraft aus sich heraus und erblüht, wie es ihrer Natur entspricht. Sie muss es nicht denken, wollen, oder tun – sie IST so! Du bist nichts Geringeres, meine liebe Rosenfreundin. Was sollte daran falsch sein zu blühen?

Deine Macht, deine Führung besteht genau darin, dass du dich nicht zu etwas bewegen lässt, was du nicht spürst und im Moment möchtest – auch nicht durch dein altes Denken, deine alte Angst nicht genug geliebt zu werden.

Lieber Freund!

Deine Aufgabe als ‚König des Tages' ist es, die ‚Königin der Nacht' zu lieben, immer. Je mehr du sie anschaust und strahlst, um so mehr ist sie von deinem Licht erfüllt und strahlt zurück. Du füllst sie mit Liebe, das ist dein Auftrag als Mann – nichts Geringeres.

Du fragst mich, wie du das tun sollst?

Schenk ihr deine volle Aufmerksamkeit! Das ist der größte Wunsch, den eine Frau hat. Ist sie mit deiner Liebe - nicht zu verwechseln mit deinem Sperma - gefüllt, dann wird die Liebe in ihr niemals versiegen. Der Brunnen läuft über und befruchtet alles um sie herum, auch dich! Immer und immer wieder.

Versiegt dieser Brunnen, dann ist es an dir, sie anzuschauen – ihr Herz zu berühren, es zu halten, ganz sanft und sie so lange zu lieben, bis der Funke in ihrem Herzen wieder hell erglüht. Du bist dazu geschaffen worden und du hast alle Werkzeuge, das auch zu tun - allerdings nicht nur mit dem aufgerichteten Speer zwischen deinen Beinen. Höre auf zu kämpfen, sei nicht nur ein Ritter auf dem Kreuzzug, werde ein wahrer König!

Frage Männer, suche dir Vorbilder, die Frauen zum Blühen bringen – du erkennst sie an den wunderschönen Blumen, die sie an ihrer Seite haben. Diese Männer gibt es! Lerne von ihnen. Ich kann nur für mich sprechen und für die vielen Frauenherzen, die darauf warten, aufblühen zu dürfen in den Armen ihres Königs.

Sie wählte dich bereits, hat dich zum Fest geladen. Lass dir von ihr nicht erzählen, wie ein König regiert. Sie ist eine Königin und kann nur wissen, wie eine Königin regiert. Sie sieht bereits den König in dir! Lerne ein wahrer König zu sein und nimm ihre Kraft als ein Geschenk. Du lernst viel mehr über dich selbst, wenn du ihren Spiegel nutzt, als dir vielleicht anfänglich bewusst ist. Doch nicht alles, was sie dir zeigt ist für dich gesund. Lerne zu unterscheiden. Höre auf zu kämpfen. Damit zerstörst du das, was sie ist – Deine Königin der Nacht, EVA, deine Luxusklasse, deine Rippe, dein Spiegel. Lerne, Adam, es ist leichter als du denkst! Sie kann immer nur spiegeln, was du einbringst. Sie ist deine passive, weibliche Seite - vergiss das nicht!

Lass dich nicht in die Irre führen, wenn dir zuerst ein paar andere Gesichter im Spiegel begegnen. Du kennst die Domina, die Hexe, die Furie, die Nörglerin, die Mama, die Besserwisserin, doch es gibt noch viel mehr zu sehen – die Frau, die Geliebte, die Königin, die Liebe! Schau was du alles sehen kannst. Sie wird als ‚Mondin' alles zurückspiegeln, was du ausstrahlst – das ist ihre Natur – so wie du ihre Sonne bist! Nimm das Geschenk an und regiere gemeinsam mit ihr! Im Reich der Liebe gibt es stets zwei Throne zu besetzen und nicht nur einen.

Königinnen führen anders!

Man kann nur in Berührung sein, wenn man fühlt.
Anais Nin

Liebe Freundin,

im männlich geprägten Alltag - hier regiert die Sonne - heißt es:
‚Wer fragt, der führt!'

Lass uns schauen, ob das auch für die Begegnung in der Liebe zum
JETZT zutrifft.

Wie war es bisher in deinen sexuellen Begegnungen? Ich kenne es in
der Weise, dass ich gefragt wurde: ‚Willst du mit mir schlafen?' – so
wurde ich verführt und auch geführt. Ich habe dann mehr oder weniger
oft ‚Nein' gesagt. Ich fühlte, es geht ja um viel mehr und nicht nur um
das Schlafen. Sexualität in der alten Form hatte etwas mit bedienen zu
tun. Lange habe ich deshalb bedient, mich wie eine Magd als würdig
erwiesen. Die Königin in mir war noch nicht erwacht.

Meine Fragen waren dann in etwa folgende:
Ist es so schön für dich?
Liebst du mich?
Findest du mich schön?
Was wünschst du dir noch von mir?
Was kann ich für dich tun, damit du mich noch mehr liebst?
Bin ich so deine Traumfrau?
Oder lieber so?
Welches Kostüm wählst du, ich trage alle, die du magst – Hexe,
Zauberin, die Unschuldige, die Geheimnisvolle, die ....
Was soll ich anziehen, damit du mich anziehend findest?
Wann kommst du, ich bin immer für dich da.......

Du kannst diese Liste sicher noch um einige Fragen ergänzen. Was war
deine Lieblingsfrage? Wie fühlt sich das an, wenn du sie liest?

Gibt dir der Satz 'Wer fragt, der führt' ein gutes Gefühl? Oder ist eher so, dass die Magd fragt, weil sie gute Arbeit tun möchte, doch sich kleiner, weniger wertvoll fühlte als ihre ‚Herr'schaft?!

Das war gestern, meine Liebe, in einem vergangenen Mondzyklus.

Lass uns gemeinsam schauen, wie die Königin der Nacht führt, stellt sie auch Fragen? Sicher nicht in dieser Weise – Denn sie erwartet niemand Geringeren, als einen König an ihrer Seite, den sie eingeladen hat zum Fest der Liebe, das sie mit ihm teilen möchte.

Die frohe Botschaft ist, du kannst es bereits – Du kannst ihn führen - und musst dir nichts dazu erarbeiten! Verfeinere das, was du schon kannst. Sprich es aus, was du fühlst und werde klar in der An- und Aussage. Ich weiß, dass klingt unromantisch. Du hast es bisher immer so schön in versteckten Worten und Anspielungen verpackt und zugeschaut, wie beim Auspacken Stück für Stück verloren ging von dem, was du so gerne transportiert hättest, aber nicht wusstest wie.

Deine Art zu führen ist nicht mehr deinen Partner zu fragen, was er möchte. Es geht darum, dich zu fragen, was du möchtest und was einer königlichen Gastgeberin gemäß ist! Du hast ihn eingeladen und nun führe ihn durch deine Räume. Wenn er mit seinen schmutzigen Schuhen, oder Worten, die dir nicht gut tun, in dein Heiligtum eintreten möchte, dann bitte ihn, die Schuhe auszuziehen, zu schweigen, sich entsprechend der Liebe als würdiger König zu erweisen. Mache kein Konzept, kein äußeres Spiel daraus. Es ist eine innere Haltung!

Lieber Freund!

Auch wenn deine Partnerin dich bisher in obiger Form gefragt hat, so ist es nun an der Zeit, sich von ihr führen zu lassen. Hilf ihr dabei und ermutige sie, dir zu sagen, was sie sich wünscht, womit sie authentisch ist.

Sie hat sich viel zu oft an deinen Wünschen, oder an dem, von dem sie meinte, dass es deine Wünsche wären, orientiert. Sie kennt es gar nicht anders. Sie hat dich bedient! Manchmal auch in einer Weise, wie du es vielleicht gar nicht mochtest, zu schnell, zu mechanisch, zu ..... – doch auch dir hat man erzählt, dass das so zu sein hat.

Erinnere dich: Hat sie sich oder dich wirklich gefühlt? War sie EINS mit dir? Hattest du das Gefühl, sie hört den Klang deines Herzens und beantwortet diesen? Und hat sie dich in ihr Heiligtum gelassen, ihren Schoß, ihr Herz? Ist sie zu einer Quelle der Liebe geworden, an der ihr beide heil werden konntet? Ja, dann seid ihr bereits dort gewesen und werdet diesen Ort nie wieder vergessen können. Geh mit ihr genau in solch ein Empfinden.

Ich respektiere deine alten Wünsche, doch letztlich haben sie euch beide nicht da hingebracht, wo ihr die Liebe findet.

Hab keine Bedenken, sie nimmt dir nicht die Führung ab, in der Weise, wie du es gewohnt bist, im Konkurrenzkampf. Du bist der König des Tages und nur du kannst dort regieren – ganz in deiner männlichen Kraft. Die Königin der Nacht lenkt deine Energie so, dass sie nicht mehr zerstörerisch auf sie einwirkt – Du wirst es erleben und es könnte passieren, dass du daran Gefallen findest, in dieser Weise geführt zu werden. Sprecht darüber und findet eure eigene Form, wenn euch meine nicht in der Weise anspricht, wie ihr es euch wünscht.

LILA – Der königliche Führungsschlüssel

Jede Erscheinung auf Erden ist ein Gleichnis
und jedes Gleichnis ist ein offenes Tor
durch welches die Seele, wenn sie bereit ist
in das Innere der Welt zu gehen vermag
wo du und ich
und Tag und Nacht
alle eins sind
Hermann Hesse

Liebe Freundin!

Zu viele Anweisungen, worauf du achten kannst? Ich weiß, das klingt anfangs kompliziert. Damit du eine Erinnerung hast, was gerade geschieht und wo du bist, habe ich ein Wort, eine Farbe gefunden, die dich erinnert und dir die Orientierung vereinfachen wird.

‚LILA' ist das Zauberwort, von dem ich dir schreiben möchte. Es heißt, **LILA** wäre das Spiel Gottes. Sie ist also die Farbe, die dir den göttlichen Weg offenbaren wird. Und das Wunderbare ist, dass LILA die Buchstaben sind, die dir die Orientierung geben.

L steht für Liebe
I steht für Inspiration
L steht für Leichtigkeit
A steht für Authentizität

Wenn du in der Begegnung mit deinem Liebsten bist, dann sei LILA. Beginne mit dem letzten Buchstaben des Wortes, dem ‚A'. Sei **‚authentisch'**, sei im Moment, sei echt, spiele dir und ihm nichts vor. Frage dich immer wieder: Was ist jetzt in mir lebendig! Das fühle und sprich es aus. Bleibe im Dialog mit deinem Liebsten.

Wenn du authentisch bist, dann spürst du es an der **‚Leichtigkeit'**, die sich in dir, in deinem Herzen und im Raum ausbreitet. Es ist so leicht eine achtsame, authentische Vereinigung zu zelebrieren.

103

Du wirst es spüren, wie sich dein Herz öffnet und dieses Gefühl der Leichtigkeit wird dich ,**inspirieren'** der Intelligenz deines Körpers zu folgen. Deine Vagina ist dafür gemacht, den Gast zu empfangen und sie freut sich auf seinen Besuch. Wie sie ihn liebkost und in sich aufnimmt, einfach, sanft, warm und feucht um ihn ist, auch ganz ohne die hektischen Stoß-Bewegungen. Das wirst du spüren und es bringt dich über die Ekstase in den Himmel.

Warte auf deinen Liebsten, nimm ihn mit, Stufe um Stufe. Wenn ihr möchtet, dann benutzt eine Skala von eins bis zehn. Daran könnt ihr euch orientieren, wie weit ihr beide die Himmelsleiter hinaufgestiegen seid. So lernt dein Liebster, wo du warst und auf welcher Stufe er zurück blieb, wenn er zu schnell zum Höhepunkt kam. Er wird vielleicht etwas Zeit brauchen, bis er weiß, wie er dir folgen kann. Verlasse ihn nicht und achte darauf, dass er lernt, langsam mit dir zu gehen. Denn am Ende der Leiter erwartet euch nichts Geringeres als die ,**LIEBE'**.

Dieser ,LILA Führungsschlüssel' ist deine Formel für eure Vereinigung und darüber hinaus. Spürst du die Liebe noch nicht in deinem Schoß, dann gehe wieder zurück und schau, ob du authentisch bist. Vielleicht hat dich das alte Denken wieder eingeholt und du hast begonnen in Vorstellungen zu verschwinden – Theater zu spielen, nicht du selbst zu sein. Genügt es dir nicht, du zu sein? Dann sprich es aus, hole es ans Licht, lege es auf euren Altar und sage: Ich fühle hier in mir ein Gefühl der Unzulänglichkeit. Schaut es nur an, sprecht nicht weiter darüber. Es wird sich verändern und dann gehe weiter. Tust du das, übst dich darin, echt, authentisch in jedem Moment zu sein, dann stellt sich Leichtigkeit ein. Dein Leben ist kein Kampf mehr, den es zu bestehen gilt. Bringe keine Bewertung hinein. Es ist wie es! Das Leben ist LILA und es ist das Spiel Gottes!

Lieber Freund!

Nun ist es an der Zeit zu lernen, ohne das gewohnte Ziel des ‚Abspritzens' auszukommen. Das ist der schnelle Tod in ihrem Schoß, oder auch an anderer Stelle, das was du bisher praktiziert hast. Das Ziel eurer Begegnung ist die spirituelle Vereinigung und die Ekstase in der Liebe. Abspritzen ist der kleine Tod, was du anstrebst ist der Himmel auf Erden.

Übe dich darin ohne Reize auszukommen und wenn du merkst es geht zu schnell, dann atme. Sprich mit deiner Liebsten und sag ihr, dass du etwas Zeit brauchst. Es kann sein, dass sie sich zu heftig bewegt – auch sie hat nicht gelernt in der Stille zu bleiben und die Energie wachsen zu lassen.

Macht es spielerisch und findet eine Form, die für euch beide angenehm ist, wie ihr die Spitzen der ekstatischen Berge nehmen könnt. Anfangs kann es sein, dass dich das erschlaffen lässt und du Angst hast, diese Form der Vereinigung könnte dir deine Potenz nehmen. Doch so ist es nicht. Dein Körper braucht einen Moment für die Umstellung, doch wenn die Liebe groß genug zwischen euch beiden ist, dann wird deine Potenz in keiner Weise darunter leiden. Lass dir Zeit und sei wach. Du kennst mittlerweile das Ziel und es wird dich für alles entschädigen, was du an Übung auf dich nimmst.

Sprich mit deiner Partnerin darüber, wie es dir mit den Berührungen geht, die sie dir gibt. Mir wurde berichtet, dass es für einen Mann auch schön sein kann, ganz sanft gestreichelt zu werden und nicht hart angepackt zu werden. Ungewohnt, doch es verfeinert die Wahrnehmungen für deinen Körper. Es ist wie Tanzen im Vergleich zum Gehen. Eine andere Form, die mehr Freude bringen kann und die es erst einmal zu üben gilt.

Benenne was lebendig IST

> *Das Wunder ist des Augenblicks Geschöpf.*
> Johann Wolfgang von Goethe

Liebe Freundin,

nun habe ich dich die innere Haltung spüren lassen. Du hast gelesen, was es heißt dich selbst zu führen – in LILA. Nun lass uns den Augenblick betrachten, das was deine Führung ausmacht.

Als 'Mondin' bist du dazu bestimmt, zu spiegeln, zu erkennen und zu benennen was ist. Bisher hast du das auch getan, allerdings oft unbewusst. Du hast ‚reagiert' auf das was geschah, oder eben auch nicht geschah, wenn du bestimmte Vorstellungen hattest. Als diejenige, die führt, bist du eingeladen zu ‚agieren', also einen bewussten Schritt hinzuzufügen. Das ‚re' vor dem Wort agieren, fällt nun weg.

Wie agierst du nun in einer spirituell erwachenden Begegnung? Du benennt was im Jetzt, im Moment, in dir lebendig ist. Was spürst du genau jetzt? Sprich es aus! Fühlst du nichts?! Dann sprich es genau so aus: Ich fühle nichts! Sei still, bis sich etwas verändert. Dauert es sehr lange, dann sprich aus, was gerade ist, damit dein Partner weiß, wo und ob du noch bei ihm in diesem Raum bist.

Mit geöffneten Augen ist das etwas leichter, wie du es schon an anderer Stelle gelesen hast. Doch das Fühlen, was in deinem Körper gerade lebendig ist, fällt dir vielleicht mit geschlossenen Augen leichter. Die Gefahr, gedanklich in alte Geschichten und Räume zu wandern, ist dann größer. Übe dich darin, hier und jetzt präsent zu sein – es gibt nur diesen einen einzigen Augenblick zwischen euch beiden.

Es geht nicht darum, ständig zu sprechen und den Raum mit Gesprächen zu füllen. Das Benennen dient wie das Atmen dazu, im Hier präsent zu sein. Wenn du dich fragst: Wie geht es mir Jetzt in Verbindung zu meinem Liebsten, dann richtest du automatisch deine Aufmerksamkeit auf das was IST und lernst dich im Augenblick aufzuhalten. Leben, Erleuchtung, Liebe, alles das findet nur im Augenblick statt – das ist der Weg der Hingabe zu dem, was JETZT lebendig in euch ist.

Die alte Verlockung des Hinterfragens wird auftauchen, wenn du etwas benannt hast, das gerade lebendig in dir wird. Du spürst beispielsweise nichts. In der Vergangenheit hast du dich dann gefragt: Warum ist das so?

Sackgasse ,Warum-Fragen'

Wenn eine ,Warum-Frage' auftaucht, dann sei gewarnt, meine Liebe! Warum-Fragen führen grundsätzlich vom Moment weg in alte Erfahrungen – also das, was bereits war und nicht mehr zu ändern ist. Dein Verstand ist auf Warum-Fragen spezialisiert. Dein Gehirn ist ein großer Datenspeicher und wenn du einen Suchauftrag mit ,Warum' erteilst, steht deine innerer Suchmaschine nicht mehr still. Alle Wege und Erfahrungen werden durchsucht und bestenfalls findest du auch eine Antwort, doch meist ist es keine, die das beantwortet, was du wirklich suchst – nämlich im Moment präsent zu sein.

Hier ein Denkbeispiel, welches du sicher aus eigenem Erleben kennst:
,Warum fühle ich denn nichts (oder das, was du fühlst)?........'
Lange, unbewusst ablaufende Suche .....
Eine ,Weil-Antwort' folgt auf eine Warum-Frage:
Weil ich nicht weiß was ich jetzt tun oder fühlen könnte!'
,Warum weiß ich das denn nicht? .....
Weil du das noch nie so betrachtet hast!
Warum habe ich das noch nie getan?
Weil......'

Du erkennst sehr schnell, wie wenig Sinn dieses Spiel für den Augenblick mit sich bringt. Du wanderst ständig in der Vergangenheit deiner Daten umher und damit verpasst du den Augenblick.

Die Antwort auf all deine Fragen lautet immer: DARUM!

Warum ist das so? Darum! Das heißt übersetzt, ,da – herum'! Dieser Warum-Weg ist die Sackgasse. DA, schau dich UM, was gerade im Raum geschieht und frag nicht WARUM, das ist die einzige Antwort auf eine Warum-Frage!

(Weitere Umdenk-Beispiele findest du in meinem Buch: Gedanken-Coaching – Gesundheit beginnt im Denken)

Bleib wach und stimme dem zu, so wie es ist. Nichts ist eben Nichts und Punkt. Gefühle sind wie Wellen auf dem Meer und sie verändern sich ständig. Warum-Fragen wühlen das Meer auf, doch sie beruhigen es nicht. Willst du ein aufgewühltes Meer, dann ist es okay. Doch wenn nicht, dann denke ,DARUM'. Wellen gehören zum Meer und sind einmal da und einmal nicht. Das spielt keine Rolle. Wenn du gerade in eurer Begegnung NICHTS spürst, dann ist das so.

Benenne es, sprich es aus! Dadurch wird es bewusst und dein Liebster kann gemeinsam mit dir gehen.

Der Augenblick ist wie er ist, ganz ohne deine Wertung. Er wird sich verändern, es werden andere Wellen kommen und dann schau ihnen zu. Du bist das Meer und der Mond, doch du bist auch die Beobachterin des Meeres und des Mondes. Du bist alles in allem was du betrachtest.

Lieber Freund!

Höre deiner Partnerin zu und übernimm die Aufgabe, sie immer wieder zu bitten über den Moment zu sprechen, über das, was jetzt lebendig in ihr ist. Auch wenn ihr euch später körperlich vereinigt. Du hattest bisher ja auch immer wieder das Bedürfnis es auszusprechen, allerdings waren es dann vielleicht die Worte, die eine Schwingung in eure Begegnung brachte, die zerstörerisch sein kann. Für eine Frau ist es nicht immer angenehm zu hören: Mach's mir! Oh wie geil! Du...... was auch immer deine Worte waren. Überprüfe sie bestenfalls.

Anfangs ist es sicher ungewöhnlich in dieser Weise zu sprechen. Deine Aufgabe war es bisher, Impulse in den Raum zu bringen. Alles was du tust, beeinflusst das Jetzt. Du bist der Schöpfer in jedem Moment. Das zeigt dir, wie groß deine Verantwortung ist, den Raum mit möglichst ‚sauberen Schuhen' und frei von fremden Bildern und Gedanken zu betreten.

Du willst mit ihr Sex, so, wie du es in Filmen gesehen hast. Siehst sie, wie die Darstellerinnen in diesen Bildern, willst das sie es dir macht? Das kann ich verstehen, doch das ist keine Liebe! Es ist Befriedigung des vergänglichen Körpers und du wirst nachher wieder böse auf dich und sie sein, weil es euch nicht gelungen ist, an der Liebe füreinander innerlich satt zu werden.

Die Liebe findet nicht in diesen Filmen statt, das weißt du längst. Es erregt dich, macht dich geil. Das ist in etwa so: Du hast dich für einen Imbiss entschieden und hättest nichts Geringeres als die Speise Gottes – die Liebe – bekommen können. Prüfe, was du möchtest und dann wähle! Fast-Food? Dann tue es und bilde dir nicht ein, ein Festessen zu erhalten. So hast du bisher geführt. Doch es ist eine manipulative Art der Führung und befriedigt nur deine Gier nach mehr. Wenn du das suchst, dann tue es in einem anderen Raum. Das gehört nicht in eine Begegnung zu Ehren der großen Liebe - dem königlichen Fest.

Suchst du die Liebe, die dich auch geistig sättigen kann, deinen Schmerz heilt und dein Herz berührt? Wünschst du dir, dass du deine Partnerin mit Liebe füllen kannst? Dann sprich in anderer Weise!

Am Ende kannst du überprüfen, ob du als König im Land der Liebe regierst, oder eben nur als Ritter mit hoch aufgerichtetem Speer die verweinten Taschentücher der Damen einsammelst.

‚Verliebt' – die kleine Schwester der Liebe

In allem liegt eine Lehre – du musst sie nur finden.
Lewis Caroll

Liebe Freundin,

lass uns schauen, was wir in der Liebe zum JETZT anstreben – was unsere Vision ist – die sehr viel größer ist als das was wir ‚Verlieben' nennen!

Wahre Liebe zum Augenblick fordert von dir Klarheit, den Wunsch in der Liebe klar zu sein und aus dem VER-liebt-sein auszusteigen. 'Oh nein,' denkst du jetzt, 'das ist doch so ein schönes Gefühl und ich kann gar nicht genug davon bekommen!' Wählst du nur die kleine Vorspeise, wenn das ganze Buffet auf dich wartet? Mit den schönsten Speisen, von denen du noch nicht einmal ahnen kannst, dass es so Erlesenes gibt im Land der grenzenlosen Liebe?

Wie es das Wort schon beschreibt. Du bist nicht wirklich in der Liebe. ‚Verliebtsein' ist ein ganz kleiner Funke, im Vergleich zur Sonne der Liebe. Ver-lieben ist nicht lieben. Es hat die Vorsilbe ‚ver' und ist bestenfalls die Vorspeise zur Liebe!

Spiele damit und du erkennst, wie es wirklich ist. Ver-lieben, bringt dich von eingefahrenen Bahnen ab. Ja, es hat die Kraft, dich aus Beziehungen zu schleudern, die lange schon keine Frische, geschweige denn Präsens oder gar ein 'Present' (Geschenk) mehr aufweisen können.

Die Kraft des Verliebens ist mächtig. Du, oder besser gesagt dein Verstand, kann gar nichts dagegen tun. Gibst du der Vernunft den Vortritt, dann hast du das Gefühl dein Herz zerreist. Ja, es ist dein Herz, das bestimmt, was zu tun ist und ‚schwupps' hast du Dich verliebt - spürst eine Lebendigkeit in jeder Zelle - fühlst dich wie in einem wahren Jungbrunnen – schöner als alle Wellness-Urlaube, die du in den letzten Jahren besucht hast. Auch gibt es keine schönere, natürlichere und angenehmere Gewichtsregulierung, als in den Zeiten, in denen du verliebt bist. Du kannst essen was du möchtest, doch wie oft vergisst du es einfach und hast gar keinen Appetit auf äußeres Essen?! Du bist innerlich satt. Kein Wunder, dass du dich immer wieder nach der Zeit des Verliebtseins sehnst, besonders dann, wenn deine Beziehung langsweilig geworden ist.

Langeweile ist gut, denn sie gibt dir Raum, inne zu halten und zu schauen: Wo bitteschön geht es zum Leben?! Die Antwort: Über die LIEBE!

Liebe Freundin, die Zeit des Verliebtseins ist lediglich eine Erinnerung des Lebens an dich, wieder lebendig zu sein. Sie ist ein kleiner Schritt in die Richtung dessen, was in der Liebe möglich ist.

Suchen heißt warten!

Wenn der Schüler bereit ist, dann erscheint der Meister!
Wenn der Meister bereit ist, dann erscheint der Schüler!

abgewandelt aus dem Zen

Liebste Freundin,

ich möchte noch etwas bei unseren Wünschen und Träumen verweilen. Wir haben so viele davon geschaffen, dass es mir ein wichtiges Anliegen ist, das mit dir zu teilen.

Letztens las ich einen Satz. Ich weiß den Verfasser nicht mehr, doch er lautete in etwa so:

‚Alles was die Menschen denken können, hat die Möglichkeit Realität zu werden. Jeder Gedanke, dem die entsprechenden Taten folgen, kann sich im Leben manifestieren.'

Was heißt das denn nun für unsere Träume, endlich den König zu finden, den wir uns so sehr wünschen?!
(Anmerkung: Nur Prinzessinnen suchen Prinzen und das ist einer Königin nicht genug.)

Weißt du noch, wir haben all die Filme geschaut, geschwärmt und im Herzen darauf ‚gewartet', dass unser Traumpartner ganz plötzlich, möglichst zufällig in unser Leben purzelt und uns findet. Wenn das mit den Gedanken und der Energie, die den Gedanken folgt wirklich stimmt, dann saßen wir all die Jahre in unserer Garderobe, kleideten uns an für den großen Auftritt und WARTETEN. In der Zwischenzeit leuchtete ein Schild an der Tür unseres Herzens auf, darauf stand: Bitte WARTEN!

Erkennst du es wieder? Ja, wir wollten das nicht so, doch unser ganzer Körper strahlte aus, was wir dachten. Ist das nicht traurig? All die Jahre haben wir mit 'warten' zugebracht, warten auf den Traum-König aus unserem inneren Theater der Vorstellungen. Zur Sicherheit nahmen wir noch einen weiteren Satz dazu: ‚Das passiert sowieso niemals, höchstens in einem Film!' Genau so war es, wir haben versucht unser Leben zu einem Film zu machen, obwohl wir uns ständig auf ‚Standby' geschaltet hatten. Warten, warten, warten..... ‚Funktioniert ja doch nicht, mich mag eh keiner, ich finde nie meinen Prinzen......'

Wir suchten weiter und gingen in die nächste Sackgasse: Wir wollten etwas TUN, wir fingen an zu suchen.

Partnersuche, Sexualität mit ständig wechselnden Partnern, ein beliebtes Spielzeug vieler, vieler Menschen in der heutigen Zeit. Es ist die Börse, die als einzige Anlagemöglichkeit täglichen Zuwachs zu verzeichnen hat. So viele Menschen investieren sich hier hinein mit dem Wunsch und der Suche nach einem neuen Partner. Doch ob sie letztlich den Gewinn machen, den sie sich wünschen, das ist fragwürdig.

Weshalb ist das so mühselig? Ja, du ahnst es schon: Wir SUCHEN! Wir wollen etwas haben und strahlen das auch aus. Alle die suchen tun das! Doch wir ziehen an, was wir ausstrahlen und nicht das was wir damit meinen. Sind wir Sucher, so finden wir Sucher, nur die wenigsten werden fündig.

Glaubst du es klappt, dann hast du Recht!
Glaubst du es klappt nicht, dann hast du ebenfalls Recht!

Es geschehe dir, wie du geglaubt hast ......

Die Kraft in dir!

Wer immer tut was er schon kennt,
erhält immer das, was er schon hat.
Henry Ford

Liebe Freundin!

Sprich darüber, was du fühlst, was gerade lebendig ist in Dir und beschreibe es in Bildern. Lass dich nicht ablenken durch das, was du glaubst, was jetzt stattfinden sollte oder müsste. Es findet entweder statt, oder eben nicht. Höre immer mehr damit auf, etwas ersehnen zu wollen was nicht ist. Der Augenblick ist perfekt und alles ist da - IMMER!

Du wirst erleben, dass jede Zelle in deinem Körper zu singen beginnt, wenn du sie mit deiner Aufmerksamkeit beschenkst. Du bist Energie, eine riesige Ansammlung gebündelter Energie, jede Zelle ist ein Kraftwerk. Schau sie an und sie beginnen zu strahlen. Das kannst du auch für dich alleine tun, wenn du keinen Partner hast, mit dem du es teilen, dem du es mitteilen kannst. Dann bist du eins mit deinem Körper, mit jeder Zelle und sie werden es dir danken. Jede Krankheit in deinem Körper ist letztlich nur Dunkelheit in deinen Zellen. Dunkelheit darüber, dass du, deine liebevolle Präsenz nicht mehr in all ihrer Schönheit und Kraft in deinem Körper halten kannst. Du bist buchstäblich aus dir heraus gefallen. Dein Geist wandert umher und sucht im Außen nach den Antworten, die längst in dir sind. Das führt zu ‚Krankheit'. Dein Körper hat alle Mittel und kennt die Wege sich zu heilen, dass hast du so oft erfahren. Doch dein Denken darüber, etwas tun, etwas suchen zu müssen, es im Griff haben zu wollen, stand der Heilung oft im Weg.

Die kraftvolle Energie in deinen Zellen stirbt niemals – Energie geht nicht verloren. Sie verwandelt sich und ersteht wieder auf. Der Tod ist letztlich nur eine andere Form der Energie die wir Leben nennen. Er ist dann Liebe ohne sichtbaren Körper – Liebe stirbt nie.

Die Energie folgt deinen Gedanken. Erlebe es! Richte deine Gedanken genau jetzt auf deine Hände. Schau sie an und spüre sie.

Was fühlst du?..... Ja, genau! Was noch?!
Ja, vielleicht spürst du es wie sie schwingen, das Pulsieren deines Herzens, wie Energie in ihnen fließt.

Das ist es, das ist die göttliche Lebensenergie in jeder Zelle in dir. Wenn du in dieser Weise deine Aufmerksamkeit darauf richtest, dann wird das Kribbeln stärker - kannst du es spüren?!

Wunderbar, du bist mitten drin in der Liebe, in all der Energie, die wir Gott nennen. Ich freue mich mit dir, denn auch ich bin in ihr, genau jetzt!

Zeit der Zärtlichkeit

Ich bin Du und Du bist ich!
Wo Du bist, da bin ich!
In alle Dinge bin ich zerstreut
und aus ihnen sammelst Du mich!
Und wenn Du mich sammelst, sammelst Du Dich!
Tharot-Theater, Adam und Lilith

Liebe Freundin!

Nun haben wir sehr tief geschaut und ich hoffe, es ist bei dir angekommen, dass wir ab jetzt einen Weg der Liebe gehen können. Dieser ist klar und kraftvoll, wird sich einer wahren Königin würdig, gestalten.

Du hast gelernt, deinem Liebsten zu sagen, was in dir lebendig ist, bist im Augenblick präsent geblieben und fühlst damit ganz deutlich was dein Körper jetzt tun möchte. Folge der Bewegung, doch achte darauf, dass es sich nicht um eine ‚so-habe-ich-das-immer-geMACHT-Bewegung' handelt. Eine Königin rennt nicht, sie schreitet, sie ist bedacht auf das rechte Maß und wählt jeden Schritt bewusst.

Ihr sitzt euch jetzt gegenüber und du wünschst dir, dass dein Partner dich berührt. Bitte ihn mit der Berührung zu beginnen. Leg dich bequem hin, bedecke deinen Schoß mit einem Tuch, damit du dich ganz fallenlassen kannst. Mach dir noch einmal bewusst, dass die Kunst eurer Begegnung darin liegt, die Zeit mit Zärtlichkeit und Liebe zu füllen. Dein ganzer Körper, jede Zelle möchte an diesem Fest teilhaben – nicht nur deine geschlechtsspezifischen Organe.

Sprecht darüber, wer beschenkt wird, damit ihr keinen Stress aufbaut. Das konntest du an anderer Stelle bereits lesen. Wechselt euch in eurem Tun ab. Findet euren persönlichen Rhythmus.

Sanfte Berührung

Es gibt keinen Weg ins Glück, Glück ist der Weg.
Buddha

Lieber Freund!

Wenn es um Wohlbefinden und Zärtlichkeit geht, taucht immer wieder der Wunsch nach Massagen auf. Ich möchte dir nun sagen, warum das so ein beliebtes Gebiet ist. Die Massagen dienen zum einen dem körperlichen Wohlbefinden, doch viel wichtiger ist es, dadurch leichter in der Aufmerksamkeit zum Körper zu bleiben.

In der Liebe zum JETZT geht es darum, deine Partnerin mit Liebe zu beschenken, wie es unserem tiefstem Bedürfnis des ‚Geben-wollens', entspricht. Es gibt unterschiedliche Formen des Beschenkens. Sich anschauen, gemeinsam atmen, aussprechen der Gefühle, Berührung der Haut, Vereinigung durch Penetration, Achtsamkeit. Nicht nur im Bett kann diese Art zu leben zur Erleuchtung führen – als Rückbindung an etwas Größeres, Göttliches, über den Körper. Wer sich für Achtsamkeit und Lieben im JETZT entscheidet, der nutzt die Sinne des Körpers in ihrer Schönheit und Perfektion und erhöht damit seine energetische Schwingung, bis zur Erleuchtung im JETZT. Erleuchtung erlangst du nie in der Zukunft, such sie dort erst gar nicht.

Wenn du massierst, dann ist deine Aufmerksamkeit ganz bei deinen Händen und diese bewegen sich über den Körper deiner Liebsten. Wenn dein Wunsch der ist, ihr damit etwas Gutes zu tun, dann kann es sein, dass du sehr wenig bis gar nicht erregt bist. Massagen dienen nicht dazu, dich oder deine Partnerin in alter, sexueller Phantasie zu erregen. Spüre und berühre sie ohne besondere Vorstellungen. Es geht hier nicht um Sex. Es geht darum die Liebe in jeder Zelle zu aktivieren, durch die Berührung. Die Energie folgt der Aufmerksamkeit und überträgt sich über deine Hände auf deine Partnerin.

Deine Liebste wird in dieser Zeit mit ihrer Aufmerksamkeit in den Berührungen deiner Hände sein. Somit ist sie ganz bei sich und ihren

117

Körperempfindungen. Sie kann dir sagen, wie es sich anfühlt, wo sie mehr, wo sie weniger Berührung wünscht. Nur wenn du ganz wach bleibst und mit deine Aufmerksamkeit bei ihr bist, dann wirst du intuitiv fühlen, was sie gerne hat. Folgt der Bewegung und der Intelligenz des Körpers.

Die Massage dient dazu, dem Körper eine erhöhte Aufmerksamkeit und Wohlbefinden zu schenken.

Wirst du im Gegenzug mit einer Massage beschenkt, ergeht auch an dich die Einladung, ganz zu fühlen, was in dir während der Massage geschieht. Lass los von alten Vorstellungen und du wirst getragen von der einzigartigen Berührung und Aufmerksamkeit in diesem Augenblick.

Auch dir empfehle ich, deinen Penis bedeckt zu halten. Wenn du deinen sexuellen Trieb, so wie du es bisher gewohnt warst, zurückzuhalten lernst, dann wirst auch du in den Genuss kommen, etwas Erfüllenderes zu erleben, als ein schnelle Ejakulation.

Der Boden will vorbereitet sein. Je sorgfältiger und liebevoller du das tust, um so aufnahmefähiger wird deine Partnerin sein. Hier geht es nicht um ein ,Aufgeilen', künstliches ,Scharfmachen' in alter Weise. Die Liebe im JETZT strebt die höchste Verschmelzung an, die zwei Liebende erreichen können. Das gleicht einer geistigen und körperlichen Ekstase, die das Licht in euch leuchten lässt. Dieses Licht hat die Kraft, alles zu heilen, was du dir letztlich immer wieder gewünscht hast und nicht einmal wusstest, dass es das überhaupt geben kann.

Das ist Schöpfungskraft und was diese erschaffen kann, das weißt du nur zu gut.

Berührst du deine Partnerin nur an den Stellen, von denen du bisher glaubtest, dass sie sie erregen, dann hast du letztlich nur einen kurzen ,Stromschlag' erleben oder erzeugen wollen. Ihr seid in der Lage noch viel mehr Energie freizusetzen, Gemeinsam werdet ihr eure Welt erstrahlen lassen. Fülle sie mit Liebe! Nicht weniger sollte dein Ziel sein, wenn du sie mit einer Massage beschenkst.

Doch es ist wichtig, dass du darauf achtest, ihre Energie nicht zu schnell hochzufahren. Wenn du sie berührst, achte darauf, es sanft und liebevoll zu tun. Frage zwischendrin immer wieder, ob es ihr so gut tut und was sie fühlt. Dein Fragen wird sie wach halten und verhindert, dass sie inneren Bildern folgt, die nichts mit dir und dem Augenblick zu tun haben. Ihre Aufmerksamkeit und auch deine sollte ausschließlich auf deine Hände und den Körper gerichtet sein.

Weniger ist mehr

Wenn du es eilig hast, gehe langsam
Lothar J. Seiwert

Liebe Freundin!

Auch du und ich, haben verlernt die Größe in der Einfachheit
wahrzunehmen. Wir haben Lust vorgespielt, uns selbst erregt, damit
wir schneller bei ihm sein konnten. Dem zu folgen, was wir gerade
spüren, das war nicht erwünscht. Wir wollten in der ersten Berührung
gleich auf Touren kommen, haben unsere Energie an der Feuchtigkeit
unserer Vagina gemessen und wussten genau, wenn sie trocken blieb,
dass da etwas nicht stimmte.

Ja, das ist so, es stimmte etwas nicht und wir ignorierten es, nahmen
Gleitmittel, damit die Vereinigung schmerzfreier und schneller zum
Erfolg führte. Sei ehrlich: Wir nutzten diese Hilfsmittel auch oft, um
‚ES' hinter uns zu bringen, damit wir wieder in unseren Träumen,
Schmerzen und Hoffnungen verschwinden konnten.

Wenn es dir gelingt, dem Augenblick zuzustimmen und zu warten, inne
zu halten, deinem Körper Zeit zu lassen, wie einer Rosenknospe, die
sich Blütenblatt für Blütenblatt entfalten wird, dann wird dein Schoß
wieder erfüllt sein und den Weg für den König bereiten. Du wirst ihn
empfangen und willkommen heißen, wie es angemessen ist. Die
Intelligenz deines Körpers stellt alles bereit, was dazu nötig ist. Du
wirst es an der Feuchtigkeit deines Schoßes erkennen. Wenn er trocken
ist, dann stimme dem zu und warte. Es könnte noch nicht der richtige
Zeitpunkt sein, doch dieser wird kommen – sei gewiss.

Deine Aufmerksamkeit in dem was gerade geschieht, wird dich lehren
zu vertrauen und loszulassen.

Nimm wahr, wo gerade was geschieht. Seine Hände auf deinem
Körper, dann sei bei den Händen, seine Lippen auf deinen, sei genau
und ausschließlich dort. Lerne zu genießen, in jedem Augenblick nur

bei einer Berührung zu sein. Du wirst erleben, um wie viel intensiver die Berührung sein kann.

Lieber Freund!

Beginnt ihr mit einer Massage, dann seid ganz ‚Massage' und nur Massage. Küssen, streicheln, Bilder, Geschichten, was alles sonst noch möglich wäre, all das gehört nicht in den ‚Vorgang Massage'. Hände spüren. Was ist jetzt lebendig in den Händen, wenn du massierst? Wie fühlt es sich an, die Haut zu berühren? Sei Hand, sei Berührung!

Die Liebe im JETZT lädt euch ein, weniger zu TUN, dafür im Augenblick der jeweiligen Handlung präsent zu SEIN.

Wie sich das für einen Mann anfühlt, der mir schrieb, das lies selbst:

S: Ich habe im Leben einmal mit einer Frau Liebe in dieser Weise praktiziert. Sie war eine spirituelle Frau. So durfte ich diese Art von Sexualität im Augenblick erleben, für mich völliges Neuland.

G: *Wie war es für dich in dem ‚neuen Land'?*

Sehr schön, und vor allem, ich durfte zum ersten Mal die Frau spüren. Alleine nur durch den Akt, dass man den Penis in der Vagina hatte und mit geschlossenen Augen die Frau spüren konnte. Ohne Bewegungen, einfach den Akt zu erleben. Ich habe seither keine Partnerin mehr kennengelernt, die das praktizierte.

Ja, das ist noch sehr neu, auch für die Frauen, doch sie sehnen sich genau danach.

Darf ich mit dir offen über dieses Praktikum sprechen?

Ja, darfst du, ich habe dich ja dazu eingeladen.

Also pass auf: Ich habe noch alles in Erinnerung wie wenn es gestern passiert wäre. Die Frau war über mir. Und ich spürte ihr Inneres, und erstaunlicherweise, was sich alles bewegt in der Vagina.

Ja, du hast gefühlt wie lebendig es ist, und das geht nur, wenn du ganz still hältst. Erzähle mir was anders war, als in einer typische männlichen Sexualität, wie du sie vorher praktiziertes.

Wir sind sicherlich über eine Stunde in dieser Position geblieben. Ich war anfangs geschockt, weil ich diese Art von Sexualität nicht gekannt habe. Mit der Zeit fing mir an das zu gefallen. Denn von diesem Moment an, war alleine der Gedanke, dass ich im Körper einer Frau war, so unbeschreiblich schön. Diese Gefühle kann man während der normalen Sexualität (Alltag) nicht spüren.

Weißt du, in der Regel hat man(n) nicht so große Gefühle mit seinem Penis während des Geschlechtsverkehrs. Aber in dieser Situation konnte ich jede Bewegung, Veränderung in der Vagina mitfühlen. Ich hatte die Augen zu und konnte mich wirklich "loslassen". Hatte auch nicht den Wunsch zu ejakulieren. Ich wollte, einfach dabei sein und mitfühlen. Es war erstaunlich, dass der Penis immer steif blieb, trotzdem ich ganz still da lag.

Es ist unbeschreiblich schön. Mann muss mit dem Herz und nicht mit dem Penis (natürlich auch) dabei sein. Ich lese gerade im Tagebuch meine Gefühle an diese Nacht. Ich bin durch diese Frau, mit einer völlig neuen Dimension der Sexualität in Berührung gekommen. ‚Tantra' nannte sie es. Ein für mich völlig neues Kapitel in meinem Leben. Zum ersten Mal konnte ich mich in eine Frau "hineinfühlen"

Du hast dich eingefühlt, im wahrsten Sinne des Wortes, wie schön, dass du das erlebt hast! Das ist 'Lieben im JETZT'. Wenn wir das einmal gekostet haben, dann ist es wie Himmelsmusik. Wir möchten nie wieder etwas anderes hören und deshalb ist es danach auch schwer, den richtigen Partner diesbezüglich zu finden. Jede normale Sexualität erscheint plötzlich so banal gegen dieses Erlebnis.

Wenn ich bedenke, dass wir in der sonstigen Sexualität für solche Empfindungen keine Zeit haben... und kein Gefühl.... Ich würde es so gerne wieder erleben...diese Erinnerung hat jetzt wieder den Wunsch danach in mir geweckt.....

Öffnende Küsse

Das Leben hat keinen Sinn außer dem,
den wir ihm geben.
Thornton Wilder

Liebe Freundin!

Ich wähle nun eine unserer schönsten Berührungen, um dich den Zauber des Augenblicks erleben zu lassen – der Kuss.

Deine Lippen sind das Abbild deiner Vagina. Wenn du einen verbissenen Mund hast, dann ist auch dein Schoß in einer verbissenen Haltung. Jede Frau, die entbunden hat, weiß das, hat es von ihrer Hebamme erfahren. Du schreist nicht nur vor Schmerz, oder Freude, die Natur zwingt dich dazu, den Mund zu öffnen. Wenn du oben losläßt, so geschieht das auch unten, in deinem Becken, damit das Kind den Weg in die Welt gehen kann. Presst du den Mund zusammen, dann hat es das Kind schwerer, dein Becken öffnet sich nur schwer und bleibt starr. Soweit diese Analogie, damit du dir ein Bild machen kannst, wie wichtig es ist, die Wahrnehmung für deinen Mund (Muttermund) zu verfeinern.

Wenn du zukünftig küsst, dann tue es bewusst. Küsse und sonst nichts anderes. Lass auch einmal das Streicheln weg, ebenso alle Bilder und Phantasien, wie es wohl weitergehen wird. Spüre das Pulsieren deiner Lippen, wie es sich verstärkt, wenn du dich dem Kuss deines Liebsten öffnest, ihn herbei sehnst, ihn spüren möchtest, ja am liebsten überall gleichzeitig auf deinem Körper. Je mehr du dich auf den Punkt zu konzentrieren lernst, um so intensiver wird deine Wahrnehmung für die Schönheit jeder Berührung und Bewegung deiner Lippen werden.

Erlebe das Küssen mit all deinen Sinnen. Spüre die Fülle deiner und seiner Lippen. Rieche, fühle die Wärme der Haut an dieser Stelle, euren Atem. Höre das feine Geräusch der Berührung, wie sie sich öffnen, wie sie miteinander spielen. Schmecke den Kuss und seine Süße.

Küsse anfangs bewusst ohne Zunge. Die Zunge signalisiert deinem Körper, dass da jemand in deinen Mund eindringen möchte. Ja, du bist das so gewohnt und wirst es wahrscheinlich auch wollen, doch im Moment geht es nur darum mit den Lippen zu küssen. Wenn die Zunge erlebt werden möchte, dann sei nur Zunge, mit all deinen Sinnen. Wenn du es selbst erfährst, wirst du wissen, warum jedes Detail so wichtig ist.

Wellen der Energie werden durch deinen Körper laufen und jede Zelle davon informieren, dass ihr beim Kuss seid. Jede Zelle küsst mit. Besonders dein Muttermund wird mit küssen und sich auf die Küsse vorbereiten, die er dem Penis bei seinem Besuch in dir geben wird. So erwacht dein ganzer Körper und schwingt mit in das Land der Liebe – ins Paradies auf Erden.

Übt euch darin, immer nur eines zu tun und damit eins zu sein!

Mit ein wenig Übung im Lieben des Augenblicks, wird die Liebe sich in einer solchen Größe zeigen, dass ihr darin hell erstrahlen werdet.

Lieber Freund!

Ich wende mich wieder an dich, da es an dir ist, immer wieder auch den Verstand zu gebrauchen und die Energie zu regulieren. Bisher hast du die schnell aufsteigende Erregung entladen - in und mit ihr. Nun geht es darum, wach zu bleiben, den eigenen Entladungstrieb gering zu halten. Ich bin kein Mann, doch ich habe mir sagen lassen, dass es helfen kann, mit den Gedanken für einen Moment einen neutralen Punkt zu wählen, damit die sexuelle Begierde wieder reguliert wird. Du wirst es besser wissen, wie du deine Flamme gering halten kannst. Das klingt ernüchternd und ist es auch. Bleibe nüchtern! Ein König lässt sich nicht zu hitzigem Gefecht hinreißen, er regiert das Land und setzt sein Zepter ein, wenn der richtige Zeitpunkt gekommen ist.

Achte darauf, dass deine Partnerin sich nicht in der Welt des Fühlens verliert. Mal ist sie Königin, dann wieder alle Gesichter einer Frau.

Wenn ihr Fühlen geweckt ist, dann wird sie es in ihrer überschäumenden Freude, sofort an dich weitergeben wollen. Ihr Körper gerät dann in Schwingung und fängt an sich zu winden, wie der einer ‚Schlange'. In der dir bekannten Weise wird der Körper versuchen, dich dazu zu verführen, ihren Apfel zu nehmen – wie einst im Paradies. Das ist die Aufgabe der Schlange. Doch wenn du den Apfel nimmst, dann weißt du ja schon was die 'Erkenntnis' sein wird. Das ist der schnelle Tod in Form deines Samenergusses, wie du es bisher praktiziert hast. Für eine kurze Entspannung geeignet, doch nicht ausreichend, um in den Fluss der Liebe dauerhaft einzutauchen und sich darin auch bewegen zu können.

Mit der Liebe im JETZT werdet ihr zurückkehren ins Paradies. Doch diesmal bringt ihr die Erkenntnis wieder mit zurück und seid euch bewusst, dass es das Paradies ist, in dem ihr bereits lebt und das ihr nie verlassen habt. Macht die Augen auf und erfahrt die Schönheit im JETZT.

Dann könnt ihr ‚wählen', ob ihr nackt sein wollt, oder euch lieber bedeckt aus Scham. Scham zeigt, dass Adam und Eva noch unwissend waren. Die Liebe kennt keine Scham. Sie liebt alles, weiß sie doch, dass alles göttlich ist. Gott, oder das, was du als die Schöpfungskraft anerkennst, will, dass ihr euch liebt. Er hat euch all diese wundervollen Körper und Sinne gegeben, damit ihr sie nutzt und nicht, damit ihr euch mit weniger zufrieden gebt. Gott ist Lust, Liebe, alles was ist – glaubst du er wollte, dass ihr eure kostbarste Energie aufspart für irgendwann und nur für die Zeugung eines weltlichen Kindes?! Ich glaube das nicht!

..... Es geschehe dir, wie du geglaubt hast ......

Anlässe eines Körper-Zwiegesprächs

Die Gedanken, die wir uns auswählen, sind die Werkzeuge,
mit denen wir die Leinwand unseres Lebens anmalen.
Louise L. Hay

Liebe Freundin!

So, wie du allen Festen ein Thema vorgeben kannst, gibt es auch die Möglichkeit, dies für das festliche ,Körper-Zwiegespräch' mit deinem Liebsten zu tun. Ungewöhnlich, ich weiß, doch es schult deine und seine Wahrnehmung für den festlichen Anlass und den Augenblick. Je weniger zusätzliche Reize erwünscht sind, desto klarer wird der Weg, den ihr beide gehen werdet.

Konzentriert euch immer auf das, was ihr heute erleben möchtet. Ihr könnt es täglich tun, oder größere Abstände halten, das ist euch überlassen. Doch seid wachsam, dass ihr keinen Druck aufbaut. Jeden Abend ein Fest zu ,teilen', das kann dazu führen, dass das Festmahl zur gewöhnlichen ,Fast-Food-Mahlzeit' wird. Überall wo Gewöhnung eintritt, kann sich die Langeweile wieder etwas ausdenken und genau das gilt es Stück für Stück abzulegen. Doch trefft ihr euch zu selten, kann sich wieder Sehnsucht aufbauen und lässt die Gier nach schneller Befriedigung steigen. Der Hunger ist zu groß und kann die sexuelle Vereinigung in wahrer Liebe erschweren. Eure Körper sind daran gewöhnt und es kann ein wenig Geduld erfordern, bis die Liebe im JETZT zu eurem All-Tag geworden ist. Das gemeinsame Atmen wird euch darin unterstützen euren Rhythmus zu finden. Darüber habe ich ausführlich an anderer Stelle geschrieben.

Vereinbart regelmäßige Termine, damit der Teil in euch, der Angst hat zu verhungern bevor er satt werden konnte, ruhig wird, ebenso der Teil, der es so gerne ,spannend' hat. Es sind lediglich zwei Extreme einer einzigen emotionalen Kette. Haltet sie in der Waage, was durch vorgegebene Termine möglich ist. Genau wie ihr regelmäßig essen müsst, so möchten auch eure Körper eine Sättigung durch die Liebe. Findet einen Weg, regelmäßig zu feiern.

Du denkst jetzt, dass das völlig unromantisch klingt. Ja, ich weiß, bisher warst du es gewohnt, dich dem zu überlassen, was wir ,Romantik' nennen. Wir hofften und warteten, dass ER errät, was wir uns wünschen und uns endlich anspricht.

Mein liebe Freundin, das ist das Träumen, ein altes Märchen der kleinen Prinzessin in uns. Sie spielte mit der goldenen Kugel, mit ihren Haaren, ihren Reizen und sie will sich letztlich nicht an ihr Versprechen, welches sie dem Frosch gab, halten. Erlöse ihn und dich, indem du dich von dieser Vorstellung verabschiedest und sie gegen die Wand wirfst! Wenn du das tust, dann wirst du eine Königin und der Frosch wird nicht nur ein Prinz, sondern ein König sein. Wenn du auf die alten Märchen in deinem Leben verzichtest, dann wirst du im Paradies des JETZT erwachen. Du hast immer nur diesen jetzigen Augenblick – mache daraus das Beste und du hast genug zu tun, bzw. zu SEIN.

Vereinbarungen, Absprache, Offenheit, das bringt Ruhe in eurer Beziehung. Es nimmt dir jede Sehn-Sucht, jedes Warten auf etwas, was er einfach nicht erraten kann und will. Sprecht aus, was ihr möchtet und seid verbindlich. Das wird eine Verbindung schaffen, die den Raum für die Liebe ermöglicht. Setze einen klaren Rahmen und fülle ihn mit Inhalt. Das bringt Klarheit in deine Begegnung mit ihm und der Liebe. Wenn die Liebe in dir spürt, dass eure Treffen genauso wichtig sind, wie andere Termine, bestenfalls die wichtigsten Termine für euch sind, die ihr in eurem Leben vereinbart, dann wird sie sich ganz von alleine zeigen. Das bringt Sicherheit und ,Verlässlichkeit', das heißt, du fühlst dich nicht mehr von Gott, von ihm und der Welt ,verlassen'.

Achte deinen Partner und lerne, ernsthaft und erwachsen mit ihm umzugehen. Romantik ist Sache der Prinzessin, die gerne in der Traumwelt der Romane liest, doch nicht die einer erwachten Königin der Nacht!

Nehmt anfänglich gerne ein Thema, auf was ihr heute eure volle Konzentration richten möchtet. Spürt nach, was für euer körperliches

Wohlbefinden stimmig ist. Einmal könnt ihr das Küssen in eure Aufmerksamkeit für das Fest stellen, dann die Massage, die Stille, die Beweglichkeit eurer Körper, mal Lingam, mal Yoni. Ganz egal was ihr wählt, beschränkt euch auf weniger, denn das ist immer mehr! Je mehr Abwechslung, umso größer der Reiz, der euch treibt – und genau den gilt es zu minimieren, um die Herzen für wahrer Liebe zu öffnen.

Lieber Freund!

Vereinbare mit deiner Königin einen Termin, an den du dich auch verbindlich hältst. So ist es eine klare Absprache, auf die ihr beide euch entsprechend vorbereiten könnt. Deine Partnerin wird spüren, ob du diesen Terminen eine hohe Priorität einräumst und Vertrauen zu dir fassen. Die Furie wird ruhig werden, weiß sie doch, dass du nun klar Position beziehst. Wenn Wille, Wort und Tat nicht übereinstimmen, dann erwacht die Furie - das kennst du bereits.

Wenn das schwer nachvollziehbar ist, dann frag dich doch einmal, wie es wäre, wenn du deinen wichtigsten Kunden, der dir einen Millionenvertrag angekündigt hat, kurzfristig vertrösten würdest, wegen was auch immer. Würdest du das tun? Sicher nicht!

Ist die Liebe deiner Partnerin nicht die Grundlage für dein Leben? Dann mache sie dazu und alles andere wird sich fügen. Glück und Erfolg beginnt zuhause! Wenn deine Beziehung voller Liebe ist, dann wird sie zur Energie-Tankstelle für dich und alle, die dir begegnen sind gerne mit dir zusammen.

Klare Termine werden dir auch die Phantasievorstellungen und die Frage nehmen, wann die Dame deines Herzens denn nun endlich wieder auf dein Werben, deinen Wunsch nach sexueller Vereinigung, hören wird.

Spontane Termine sind dir lieber? Ja, das verstehe ich und die kannst du ja auch noch haben, doch sie verwässern die Liebe. Genauso wenig wie du jeden Mittag Fast-Food magst, so ist deine Partnerin kein

Schnellrestaurant, wo du dich so zwischendurch schnell entladen bzw. satt machen kannst. Davon gehe ich aus, wenn du dieses Buch bis hierhin gelesen hast, dass du mehr die Gourmet-Küche in der Sexualität erfahren möchtest. Lerne zu ‚kochen', dann wirst du nicht nur satt – du wirst leben und lieben.

Umgekehrt ist es natürlich ebenso. Du bist kein Gegenstand, den Frau bedient wie eine Kaffeemaschine. Auch du sollst ein Fest vorfinden und bekommen, damit genügend Zeit vorhanden ist, um den Raum mit Liebe aufzuladen. Das Treffen zu eurem ‚Millionengeschäft' welches ihr vereinbart ist nichts Geringeres als die Liebe. Die königliche Vereinigung kann alles heilen. Die daraus erwachsene Liebe wird dann zu einer unerschöpflichen Quelle für euch und all diejenigen, die ihr berührt.

In dieser Schwingung kann nicht einmal dein Kunde widerstehen, den Vertrag mit dir abzuwickeln. Du strahlst etwas aus, was hoch attraktiv ist und andere Menschen anzieht, wie ein Magnet. Wir alle sehnen uns danach geliebt und gesehen zu werden – auch dein Kunde!
Er spürt, dass du authentisch bist und alles, was du anfasst und sagst mit Liebe tust und genau das möchte er haben, wenn er seinen Auftrag vergibt. Der, der ihm das Beste (Gefühl) bringt, der wird den Auftrag erhalten.

‚Was gibt es besseres als die Liebe?'........

Der Ausgleich

Zwischen unseren Träumen und Plänen
finden wir unsere Möglichkeiten.
Sue Atchly Ebaugh

Liebe Freundin!

Nun haben wir darüber gesprochen, dass es Anlässe geben kann, Termine, die dir Sicherheit und absehbare Feste bescheren. Du hast immer wieder von mir gelesen, dass du als Mondin aufnimmst, was die Sonne ausstrahlt. Als passives, empfangendes Element könnte es sein, dass du nun immer darauf wartest, vom König bedient zu werden.

Doch so wenig, wie der König die Königin bedient, so wenig sollten eure Feste immer nur in der Weise ausgerichtet werden, dass du passiv und er aktiv ist. Auch dein Partner hat einen passiven, weiblichen, mondigen Anteil in sich. Auch du hast aktive, männliche, verstandesmäßige Anteile in dir. Wir sind alle Alles. Es geht nur darum was wir gewählt haben als Gabe in diesem Leben zu verfeinern. Als Frau willst du Frau lernen und sein. Als Mann will er Mann lernen und Mann sein. Du bist keine Bienenkönigin, der alle zu dienen haben, deshalb ist es wichtig, dass auch du zum Fest des Königs eingeladen wirst und ihn beschenkst.

Um im Gleichgewicht zu bleiben empfehle ich dir/euch, im Wechsel Gastgeberin und Gast zu sein. Einmal richtest du den Rahmen des Festes der Liebe aus und bist ganz auf Empfang gestellt, lässt dich von deinem Gast beschenken und nimmst seine Liebe. Dann wieder richtet dein Partner das Fest aus. Dort ist es an dir ihn zu beschenken und seinem Körper, seinem Herzen Freude zu bringen.

Zu einem Fest geladen zu werden bringt dich in die Rolle des Gastes und du bereitest dich entsprechend vor. Kleidest dich festlich, bringst dich Geschenke und fragst auch danach, womit der Gastgeber sich heute beschenkt fühlt. Bist du bereit die Einladung anzunehmen, dann NIMM.

Achte bereits im Vorfeld darauf, dass deine Geschenke dem Gastgeber Freude bereiten und ihn nicht ungewollt in Aufruhr versetzen. Vielleicht hast du dich bisher geschmückt, attraktiver gemacht im Äußeren um reizvoller zu erscheinen. Was hast du damit erreicht? Erotik?! 'Er'o(h)'tick' und schon war die Zeit abgelaufen, auf die du dich so lange freut hast. Spiele mit den Worten und habe Spaß damit. Es geht auch ganz anders. Möchtest du nur Spiele, dann tue es, doch die Liebe ist viel größer als das kleine Spiel mit den körperlichen Reizen.

Bedenke: Du bist eine Königin! Eine Königin geht bewusst auf ein Fest. Sie weiß, dass sie immer führt, auch als Gast. Sie bestimmt schon alleine durch ihre Geschenke, in welche Richtung das Fest verläuft. Dieses Führen ist der aktive, männliche Anteil in dir. Was sich als Königin verändert ist, dass du weiblich führst und nicht die männliche Führung nachahmst, oder besser machen möchtest. Erinnere dich, es geht nicht um 'besser' oder 'schlechter'! Weibliche Führung ist anders – sie ist weitsichtig. Kurze Impulse, nahe Ziele, schnelle Entladung, all das sind nicht die Ziele einer führenden Königin. Sie überschaut was geschehen wird, erkennt worin der wahre Gewinn liegt und bereitet sich entsprechend vor.

Eine Königin bedient den König nicht wie eine Dienerin oder Magd. Sie bereitet ihn vor, tut ihm Gutes, doch letztlich bestimmt sie und ihr Körper den Zeitpunkt, wann er sie in ihrem Heiligtum besuchen darf. Das ist das Geschenk, welches du mitbringst. Gib niemals dein Zepter aus der Hand, sonst kann es sein, das er es in dich stößt und du verletzt wirst, wie schon so oft. Sei eine weise Königin und führe sein 'Zepter', seinen Penis, in der Weise, dass es die Liebe in eurem Land vergrößern kann und wird.

Einladung zum Fest

'Die Liebe ist kein Gefühl, denn sie verändert sich nicht'

Liebe Freundin!

In diesem Brief, lasse ich dich daran teilhaben, wie es ist, als Gast beim Fest des Königs zu erscheinen. Halte es schlicht, führe durch Weitsicht.

Wie bei einem Festmahl, so gibt es auch bei euren Festen mehrere Gänge, verschiedene Speisen, gewisse Etikette, die du beachten kannst, so du das möchtest.

Die Vorspeise

Bist du als Königin geladen, dann ist es an dir, die Vorspeise für den König zu gestalten. Er ist auf 'Empfangen von Geschenken' eingerichtet. Das bedeutet, dass er sich ganz dem Gefühl hingeben darf und du ihn entsprechend beschenken darfst.

Hier ein **Rezept**, welches ich dir empfehlen kann:

Beginnt damit, euch gegenüber von einander hinzusetzen. Schaut euch an. Nehmt wahr, was jetzt in diesem Raum lebendig ist. Begrüßt euch in angemessener Weise und verneigt euch vor der Liebe in euch, die euch hierher in diesen Raum geführt hat.

Beginnt mit einer Übung des gemeinsamen Atmens. Mach dir bewusst, dass alles was du ausatmest von deinem Liebsten eingeatmet werden kann und umgekehrt. Der Atem verbindet euch mit allem was ist. Damit beginnt und endet das Leben auf Erden. Wie an einer unsichtbaren Schnur atmen wir uns durch das Leben.

Berühre deinen Partner anfangs dadurch, dass ihr euch anschaut. Nach einiger Zeit legt eure Hände ineinander. Nach jeder neuen Bewegung halte inne und warte, bis nach der Stille wieder eine Bewegung entsteht.

Streichle sanft seine Hände, Arme, Schulter, sein Gesicht. Möchte er deine Berührung sofort mit einer Gegenbewegung erwidern, dann erinnere ihn liebevoll, zu nehmen, sich beschenken zu lassen, darauf einzulassen, von dir berührt zu werden, ohne das zu erwidern.

Wenn er so besser entspannen/loslassen kann, dann bitte ihn, sich hinzulegen und die Augen dabei offen zu halten. Sollte er die Augen schließen, wie er es gewohnt ist, dann frage immer wieder: Wie fühlt sich das an..... und hier........ und hier....... und jetzt...... und jetzt. Er kann, aber er muss darauf nicht antworten! Deine Frage dient dazu, ihn im Augenblick zu halten, seine Aufmerksamkeit ganz bei der Berührung deiner Finger auf seiner Haut zu halten und nicht in Phantasiebilder abzudriften. Wenn er in andere Bilder geht, dann spürst du das in deiner eigenen Aufmerksamkeit. Es kann sich für dich so anfühlen, als würde er dich verlassen. Genau so ist es! Er ist dann nicht im Augenblick und damit nicht bei sich und bei dir. Halte in deinen Bewegungen inne, damit er wieder 'wach' wird. 'Ent-Spannung', damit beschenkst du ihn. Es muss keine zusätzliche Spannung aufgebaut werden. Alles ist gut, so, wie es gerade hier und jetzt ist.

Anfangs kann das schwierig sein, da er bisher immer seinen Mann stehen musste, sichtbar durch sein aufgerichtetes, erregt zitterndes Glied. Daran hat er gemessen, wie männlich er ist. Doch du und ich, wir wissen, dass das auch bedrohlich und verletzend auf uns wirken kann. Das war der Kampf zwischen euch und der endet genau hier!

Nehmt euch Zeit, diese neue Bewegung zu lernen. Du kannst ihm helfen, denn du bist der Mond, kannst nehmen und passiv seine Geschenke spiegeln. Beschenke ihn damit, sich von dir bescheinen zu lassen – du fühlst es, so wie jede andere Frau es fühlt. Wenn er von dir empfangen und fühlen lernt, dann wird er dich damit auch beschenken/bestrahlen können.

Als Frau fragen wir uns ständig, wie es sich für uns anfühlt. Das tun Männer oft nur, wenn sie danach gefragt werden. Sie fühlen sehr wohl, doch das bewusst wahrzunehmen, es zu kommunizieren und auch um ein Gefühl zu bitten, ist für sie neu. Führe deinen Partner ein in die Welt der Gefühle und achte darauf, dass er sich darin nicht verirrt. Hole ihn zurück, sei bei ihm und begleite ihn liebevoll. Gefühle und Emotionen sind Wegweiser dorthin was heilen möchte. Sie verändern sich ständig. Die Liebe ist kein Gefühl, denn sie verändert sich nicht!

Wenn er loslässt und fühlt, dann kommen auch Gefühle ans Licht, die er so noch nicht gezeigt hat. Weint er, frag ihn wieder: Wo bist du, mein Liebster? Gebt euch den Raum, Gefühle auszusprechen. Wenn die Gefühle sich zeigen durften, dann verändern sie sich wieder. Auf Trauer folgt Freude und umgekehrt. Bleibt die Trauer, dann darf sie bleiben. Sie bekommt einen angemessenen Platz im Raum der Liebe, doch sie regiert den Raum nicht. Die Liebe beinhaltet alles, auch, die Trauer und alle anderen Gefühle. Gehe weiter in deinen Bewegungen und zurück zum Fühlen des Körpers.

Ist die Vorspeise, die Einstimmung in das Fest der Liebe beendet, dann richtet euch wieder auf. Setzt euch hin und schaut euch in die Augen. Dankt einander für das Geschenk des Gebens und des Nehmens.

Haltet die Stille zwischen den Speisen ein. Jeder Aktion folgt auch wieder eine Zeit der Ruhe.

Lieber Freund

Wenn du der Gastgeber für euer Fest bist – der König, der eingeladen hat – dann achte darauf, den Raum in der Weise zu schmücken, dass sich die Königin darin wohl fühlt. Frag sie, wenn du dir nicht sicher bist, was sie mag. Du möchtest sie überraschen? Sei auch hier wach! Wenn es das Maß 'über'-steigt, zu sehr an Äußerem festgemacht wird, dann ist das Fest 'rasch' zu ende. Wichtig ist, dass ihr der Raum Schutz gibt und sie sich entfalten kann. Dann wird sie all ihre Liebe fließen lassen und sie deinem Körper schenken. Lass dich von ihr führen, lerne aus ihren Berührungen, wie sie selbst berührt werden möchte. Hier ein kleines Geheimnis: Wir geben, was wir selbst empfangen möchten.

Lass die Augen offen und schau hin. Gehe nicht in die alten Vorstellungen, die dich mehr erregen würden. Schau auf dich, bleibe bei dir und sprich es aus, wie es sich anfühlt. Benutze schlichte Worte, du weißt mittlerweile, wie wichtig es ist, den Augenblick zu benennen. Wähle die Worte, die angemessen sind und lasse alles was 'alt' ist weg.

Nun könnte es sein, dass das nicht die gewohnte Erregung in deinem Penis erweckt und er entspannt und schlaff in deinem Schoß liegt. Das ist gut so. Die Königin sieht das nicht als Schwäche. Es ist ein Geschenk des Vertrauens für sie. Wenn sie dich körperlich beschenkt, dann ist sie aktiv und du bist passiv. Passiv ist weich und nimmt auf. Wenn dein Penis weich ist, dann ist er ganz Gefühl. Die kämpferische Haltung im erregten, aufgerichteten Zustand deiner Männlichkeit symbolisiert die aktive Seite und die wird sich dann einstellen, wenn du aufrichtig bist. Aufrichtigkeit wird ihn aufrichten, wenn die Zeit dafür gegeben ist. Wenn die Liebe zwischen euch groß genug ist, dann wird der Penis seinen Dienst aufnehmen und tun was seine Aufgabe ist – die Vagina liebevoll von allen Verhärtungen befreien.

Der Hauptgang

Du könntest jetzt glauben, dass der Weg zum Festmahl der Liebe im JETZT ein schwieriger und aufwendiger ist – das ist er nicht! Es erscheint mir wichtig, dir das so ausführlich Schritt für Schritt zu beschreiben, damit du bereits beim Lesen lernst im Hier und Jetzt präsent zu sein. Das ist die Kür in der Sexualität. In Büchern oder DVD's erfährst du Stellungen und praktische Übungen. Wenn du diese nicht in dir fühlen kannst, dann sin des lediglich schöne, oder auch anstrengende Übungen. Es geht in der Liebe niemals um die Stellungen während des Festes. Sie entstehen aus dem Augenblick von ganz alleine. Die Schönheit der Bewegungen entsteht aus unserem Körper, der sich ausdehnen, empfangen und beschenken möchte. Wenn du dich von Innen her öffnest und mit dem Augenblick fließt, dann wird dein Körper dir zeigen, was er wirklich will und alles kann. So stehen uns auch unsere Sinne zur Verfügung. Sie sind wie die guten Geister eines Hauses, doch sie sind nicht der Besitzer dieses Hauses. Der Besitzer unseres 'Hauses', des Körpers, ist die Liebe in dir, in mir, in allem was ist – wir sind hier, um einander daran zu erinnern!

Nun habt ihr die Vorspeise, das Vorspiel, welches kein Kinder-Spiel mehr ist, miteinander geteilt. Jetzt ist es an der Zeit, den Hauptgang zu servieren. Die Köstlichkeit des Hauptgangs der Liebe im JETZT liegt in seiner schlichten Schönheit. Ohne künstliche Erregung durch äußere Eindrücke tun eure Körper das, wozu sie geschaffen wurden – zur Vereinigung. Unsere innere Bewegung ist es, diese Vereinigung zu vollziehen. Du kannst das immer spüren, in jedem anregenden Gespräch, Blickkontakt, in allem worüber du dich freust und merkst, wie dein Herz aufgeht und auch dein Schoß. Es ist erregend für Körper, Seele und Geist wenn wir mit dem Leben eins sind.

Nun ist es soweit, den Penis deines Liebsten, deines Königs in dir willkommen zu heißen. Der Raum ist gerichtet. Wenn du dir die Zeit gelassen hast, derer es bedarf, dann wird deine Vagina die Feuchtigkeit zur Verfügung stellen um den Penis in sich aufzunehmen. Sei mit deiner Aufmerksamkeit ganz in der Empfindung deiner Vagina. Der Penis braucht dazu nicht erregt sein, das geschieht ganz schlicht. Selbst wenn nichts geschieht, dann ist das JETZT so und völlig in Ordnung. Es bedarf einiger Übung, bis das Denken still wird und das Spüren ganz erwacht in euren Körpern.

Legt euch bequem hin und genießt die Nähe der Berührung. Drängende Bewegungen eurer Körper sind noch aus alten Konditionierungen. Die Liebe zwischen euch wird genug Festigkeit zur Verfügung stellen, dass er in dich eindringen kann. Haltet inne, nehmt es wahr und sagt euch, wie es sich anfühlt, in der Aufmerksamkeit des langsamen Eindringens zu sein.

Ja, ich weiß, es ist ungewohnt und ganz anders, als du es erwartet hast. Erinnere dich: Die Liebe IST und sie ist immer NEU, frisch, ohne Vorstellungen, was jetzt geschehen sollte.

Bist du als Königin mit seiner Liebe gefüllt, dann beginnt jetzt eure gemeinsame Heilung. Die Bewegungen eurer Körper geschehen aus dem Moment heraus. Der Penis und auch die Vagina haben ihre eigene Intelligenz. Sie brauchen keine vorgefertigten Bilder über Bewegungsabläufe. Das ist alles aus den alten Bildern und Gedanken entstanden. Bewegungen und Samenergüsse sind nicht erforderlich. Alles kann sein, nichts muss sein. Die Intelligenz eurer Körper wird sich in ihrer natürlichen Weise bewegen. Haltet immer wieder inne und spüre nach, wo ihr seid – sind es Bilder und Vorstellungen aus alten Zeiten, dann richtet die Aufmerksamkeit wieder auf den Moment. Was geschieht gerade in dir?

Ein Orgasmus auf körperlicher Ebene beendet sehr schnell die ansteigende Energie und lässt sie besonders beim Mann wieder absinken. Reibung erzeugt zwar Hitze, doch körperlich betrachtet ist dies nur die Hitze der Begierde und nicht die Flamme der Liebe. Liebe ist das Feuer aller Feuer. Sie kann kühl, warm, heiß sein – alle Nuancen von Wärme. Und sie kann zu hellstem Licht erstrahlen.

Sein Penis öffnet deine Vagina. Er absorbiert alle Festigkeit und blockierenden Erinnerungen, die du dort gespeichert hast. Lass ihm Zeit dafür und dränge ihn nicht in alter Weise zum Höhepunkt. Du weißt nun, das wird dir und ihm nur mehr vom Alten bringen.

Hat sein Penis deine Vagina geöffnet, wirst du das wahrnehmen, so du in deinem Körper bleibst und dich nicht in eine Phantasievorstellung verabschiedest. Das wird deine Herzensenergie wie eine Sonne aufgehen lassen. Diese erweckt nun jede Zelle deines Körpers mit dieser Liebesenergie. Sie fließt zurück über seinen Penis bis in sein Herz. Wie zwei Sonnen, die zu strahlen beginnen und sich zu einem einzigen Licht vereinen, beginnt die Liebe sich auszudehnen. In dieser Liebesstrahlung wird alles heil, was in euch dunkel war.

Das ist das Licht der Vereinigung, welches euch immer wieder mit dem erfüllen kann, was Befruchtung auf einer spirituellen Ebene ausmacht. Damit öffnet ihr über die körperliche Vereinigung eine Tür zum

Himmel und wahre Läuterung kann in euch einströmen. So war und ist euer Körper gedacht.

Es kann einiger Übung bedürfen, die alten Muster abzulegen, doch die Köstlichkeit eurer Vereinigung ist bereits jetzt möglich. Gib nicht auf, wenn es nicht gleich so ist, wie ich es beschreibe. Halte die Vision von diesem 'Licht-Ei', welches ihr erzeugen könnt aufrecht und du hast ein klares Ziel für das was möglich ist. Gib dich nicht mit weniger zufrieden – mehr ist allerdings immer möglich!

Lieber Freund!

Was kannst du jetzt tun? Das soll alles sein? Es erscheint so anders, schwieriger, als das was du bisher erlebt hast. Vielleicht solltest du doch ein Buch über Techniken und Stellungen lesen. Du willst für alle Gelegenheiten gewappnet sein. Wer zieht schon gerne unvorbereitet in ein neues Land?! Mann muss ja etwas TUN können.

Das Männliche ist es gewohnt in dieser Weise zu denken und zu handeln. Wenn wir denken lernen, dann entwickeln wir unseren Intellekt und dieser dient dazu uns zu beschützen, vorzubeugen, Ziele zu setzen. Bist du sehr stark in deinem Intellekt, dann ist der Wunsch es im Griff zu haben sehr stark. Es kann lange her sein, dass du einem Ereignis seinen Lauf gelassen hast, ohne alles vorher durch Denken einzuengen.

Erinnere dich daran, was ein Mann im Kapitel 'Weniger ist mehr' dazu sagte. Spüre, wie es für ihn war, sich in dieser Weise mit einer Frau zu verbinden.

Komisch, ungewohnt, Angst einflössend nicht deinen Mann zu stehen, es kontrollieren zu wollen, all das trennt dich davon, sich in deine Liebste 'einzufühlen'. Spüre ihre innere Bewegung, ihre Lebendigkeit. Es ist das Leben, welches auch in dir fließt.

Erlaube dir zu denken! Du darfst denken. Setz es diesmal bewusst dafür ein um dich zu fragen: Was ist jetzt angemessen? Was kann ich jetzt TUN, oder eben auch nicht, was letztlich auch ein Tun ist. Triff Entscheidungen und übernimm die Verantwortung dafür. Sei kein Macher, werde ein weiser König. Alles ist ein Weg, dein Weg und kein Ziel, welches es irgendwann einmal zu erreichen gilt in der einseitigen, nach außen orientierten Macherwelt.

Nehmen, fühlen, empfangen, all das heißt nicht, dass du dich auflösen, eine 'Memme', ein 'Weichei' werden sollst. Du bleibst in jedem Augenblick kraftvoll. Die Vereinigung zwischen dir und deiner Königin entspricht einem Geben und Nehmen, einem Verschmelzen dieser Pole und damit zum Einssein mit dir selbst. Das kannst du nicht machen, das wirst du sein – in deinem Herzen klar spüren, wenn es so ist!

Das Dessert

Nun hast du in der Vorspeise gelernt, dich für die Vereinigung vorzubereiten. Hast erfahren, wie es ist, den Hauptgang zu genießen und sie zu bereiten, bestehend aus der absichtslosen Absicht dem Augenblick die Aufmerksamkeit einzuräumen, der ihm gebührt. Und wie jedem Festmahl, so hat auch ein Körper-Zwiegespräch eine Phase für das Dessert. Plane deine Zusammenkünfte zeitlich ausreichend, damit du auch das Dessert genießen kannst.

Die Zeit nach der Vereinigung ist für das Nachspüren reserviert. Lege entsprechend Tücher bereit, damit ihr beide euer Fest nicht durch den Gang ins Badezimmer unterbrechen müsst. Das Nachspiel, das Dessert, ist genauso wichtig wie das Einstimmen mit der Vorspeise. Du weißt das und hast oft in unserem Gespräch darüber geklagt, dass dein Partner sich direkt danach anzog und wieder seinem Tagesgeschäft nachkam. Für dich war das jedes Mal wie ein Abbruch, ein Ausschalten dessen, was vorher noch so hoch in dir geschwungen ist. Das führte dazu, dass du anfingst dich zu beeilen und seinem Tempo anzupassen. Ihr habt es abgearbeitet, euch einen schnellen Kick verschafft, doch das, was dich weiter schwingen lässt, wurde dadurch unterbrochen und

139

zu schnell beendet. Und wieder warst du mit dem Gefühl der Leere in dir alleine.

Bitte deinen Liebsten mit dir zu bleiben, zu spüren, zu beschreiben, wie es sich jetzt in ihm anfühlt. Achte darauf, dass ihr dabei nicht in das Vergleichen mit alten Geschichten kommt.

Die zentrale Frage ist immer: *Was ist jetzt in mir lebendig!*

Jeder Augenblick, jedes Fest ist einzigartig und ihr braucht sie nicht miteinander zu vergleichen. Sprich darüber, was dir gut tut, wie du es spürst und was die Berührung in dir bewegt. Worte die ihr in dieser Energie sprecht, haben eine ganz besonders hohe Schöpfungskraft. Dein Herz ist offen. Du bist weich, die Liebe fließt aus dir heraus. Sei daher achtsam mit dem, was du in der 'Dessert-Phase' besprichst. Hier ist kein Platz für Gedanken des vergangenen Alltags.

Oft haben wir während wir mit unserem Liebsten zusammen waren auch über alte Beziehungen im Vergleich gesprochen. Das ist energetisch so, als wären diese Menschen dann bei eurem Fest anwesend und das verändert eure individuelle Energie. Das was war ist vorbei und kann auch durch das immer wieder darüber Reden nicht verändert werden. Nimm die Erfahrungen in deinen Erinnerungsschatz, doch nutze sie nur, um zu verändern, was du JETZT anders möchtest. Lasse sie ruhen, wenn sie nichts Positives mehr beitragen können. Und sprich v. a. nicht in den Zeiten darüber, die nur für eure neue Geschichte reserviert sind. Alles was du sprichst hat die Kraft sich auszusäen und 'Nicht-Botschaften' werden vom Unterbewussten als solche 'nicht' erkannt. Ihr werdet das sein, was ihr in diesem Moment denkt und sprecht. Haltet daher diesen Raum 'sauber' von all den Gedanken, die hier nicht hingehören.

Lieber Freund!

Achte darauf, dass Du genug Zeit mitbringst, damit ihr beide im Nachspüren wieder ganz auf der Erde ankommen könnt. Deine

Liebste wird die Liebe, die du in ihr entfacht hast, in ihrem Herzen als gelindes Feuer mit sich tragen. Von Mal zu Mal wird es für dich schneller zu entfachen sein. Mit jedem Fest der Liebe und deinem sanften Umgang mit ihr, wird alle Härte und jeder Widerstand in ihr heilen. Diese Weichheit im Herzen und in ihrem Schoß lässt eure Liebe ständig weiter schwingen und wird zu dem kraftvollen Herd, an dem ihr beide euch wärmen könnt für alles, was ihr im Alltag erleben werdet. Dein Körper, dein Penis sind dafür geschaffen ihrer Vagina zu dienen und sie zu öffnen für die göttliche Liebe.

Der Abschied

Habe keine Angst davor, dass dein Leben eines Tages endet.
Fürchte mehr, dass du versäumst, richtig zu beginnen!
Kardinal Newman

Liebste Freundin!

Beendet kein Fest mit dem alten Ritual des Einschlafens. Es kann sein, dass ihr müde seid, doch erinnere deinen Liebsten daran, das Fest standesgemäß mit dir zu beenden.

Niemand rennt nach einem Fest ohne Abschied nach Hause – und wenn doch, dann nur, wenn er oder sie sich dort sehr unwohl gefühlt haben. Erinnere dich, wenn es solch ein Erlebnis in deinem Leben gab, wie lange du dann an ein solches unschönes Ereignis durch dein Denken und Fühlen gebunden warst. Beende was vorbei ist. Trainiere dein Denken dazu. Du kannst es nicht mehr ändern. Lass Vergangenes los!

Richtet euch auf, setzt euch wie zu Beginn wieder gegenüber voneinander und schaut euch in die Augen. Wenn ihr mögt, haltet euch an den Händen. Bleibt so lange in dieser Haltung, bis du den inneren Impuls verspürst, dich mit einer leichten Verneigung bei ihm zu bedanken für all die Geschenke und die Liebe, die er dir gebracht hat.

Halte es auch diesmal schlicht. Nicht die Menge der Worte ist wichtig, sondern, dass sie deinem Herzen entspringen. Sag beispielsweise: ‚Ich danke der Liebe in dir und in mir!' Damit wird deutlich, dass diese Liebe ein Geschenk des Größeren, das uns erschaffen hat, ist, welches durch euch beide fließt und die ihr nehmen dürft, jederzeit.

In gleicher Weise verabschiedet sich auch dein Liebster von dir. Räumt danach gemeinsam den Platz auf, auf dem ihr gefeiert habt. Verwahre alle Dinge, wie Öle, Räucherwerk, besondere Stoffe, in einer Schachtel, die du danach verschließt und für das nächste Fest verwahrst.

Wie bei anderen königlichen Festen, sind auch diese Besonderheiten nur für diesen Anlass zu verwenden. So, wie du nicht jeden Tag das schwere Kristall benutzt, oder der Wein aus dem Becher des Abendmahls getrunken wird, so kann auch euer Teilen ein heiliges Fest sein – für euch beide.

Wenn du es so pflegst, dann baut sich eine besondere Liebesenergie auf, die mit jedem Zusammentreffen erhöht wird. Macht die königlichen Feste zu eurem persönlichen Altar und Ritual und die spirituelle Kraft wird sichtbar werden.

Je wacher ihr in eurer Wahrnehmung werdet, desto deutlicher wirst du spüren, wie die Worte oder Energien anderer sich auf die Gegenstände niederschlägt, die betrachtet werden. Das ist der Grund, warum die heiligen Symbole nur bei entsprechenden Festen hervorgeholt werden. Du kannst das Fest der Liebe jeden Tag feiern, doch tue es in der entsprechenden Achtsamkeit und Aufmerksamkeit.

Lieber Freund!

Bewahre auch du die Dinge, die du für eure gemeinsamen Feste benötigst, in einer besonderen Weise auf. Sie sind nicht für den täglichen Gebrauch gedacht und sollten dem Zugriffen Dritter unzugänglich gemacht werden. Was in eurem geschützten Raum geschieht, das sind heilige Dinge und so sollten sie auch behandelt werden. Feiere heilige/heilende Feste und es wird sich eine besondere Schönheit in eurem Beisammensein einstellen.

Nun hast du das, was du dir so sehr wünschst: Einen Ort der Harmonie und des Rückzugs, wo ihr beide EINS sein könnt.

Erfolg beginnt in einer gesunden Beziehung! Du wirst diese Kraft für deinen Alltag nutzen können. Doch bringe diesen Alltag nie wieder in der üblichen Weise in euren heiligen Raum. Nun hast du gelesen, was das mit dem Schoß deiner Liebsten macht und letztlich ist es deine Aufgabe diesen wieder zu heilen, durch deinen Penis, mit der ausgleichenden Energie deiner Männlichkeit.

Zur Sache bitte!

Das größte unzerstörbare Wunder
ist der Menschenglaube an Wunder.

Jean Paul

Lieber Freund!

Nun hast du bis hierher durchgehalten und fragst mich, wann es denn nun endlich zur Sache geht. Gibt es denn in diesem ‚Liebes-Zirkus' keinen richtig guten Sex? Dieses ständige Vorbereiten auf ein Festmahl, ein Fest mit deiner Königin, ist ja ganz nett. Doch nun bist du hungrig auf mehr. Allmählich kommt es dir vor, als würden wir hier nur ‚Koch-Abende' veranstalten und du darfst zuschauen, doch letztlich gibt es nichts zu Essen. Immerhin hast du ja auch noch einen Körper und der signalisiert ganz klar: Ich will jetzt und zwar spürbar guten Sex!

Deine Anmerkung ist völlig berechtigt. Ja, nun geht es zur Sache!

Für das, was ihr beide - du und deine Königin - zubereiten und erleben werdet auf diesem Fest, seid ihr beide zuständig. Du wartest hier vergeblich auf meine Vorschläge für konkrete Stellungen. Alles was euch gefällt ist erlaubt – ja ALLES! Doch bei allem was ihr tut, geht es um die innere Haltung, die Achtsamkeit, wie ihr einander begegnet. Wenn ihr gelernt habt, über die Präsenz wie ihr euch in der Verbindung zu dem was JETZT ist, wahrnehmen könnt, dann seid ihr ganz automatisch im Rhythmus eurer Körper. Sie dienen dann nicht mehr als Mittel zum Zweck, sondern verkörpern die Schönheit des Augenblicks. Der Körper führt das aus, was ihr innerlich seid. Der Körper spiegelt es in der Art zurück, wie es sich für euch beide ‚gut anfühlt'. Jedes Paar hat da seine Vorlieben und diese gilt es bewusst zu zelebrieren. Niemand wird aufgefordert etwas zu tun, was nicht seiner körperlichen Beweglichkeit oder Vorlieben entspricht.

Du möchtest das gerne näher beschrieben haben, schaust dir vielleicht Bilder aus einem Buch oder Film an und willst diese nun auch konkret umsetzen? Achte darauf, ob das nicht gerade wieder die männlich

145

rationale Umsetzung und der Wunsch nach einer äußeren Technik oder Gebrauchsanweisung ist! Willst du Stellungen trainieren, dann bist du mit der Aufmerksamkeit ganz in der Umsetzung einer Übung. Du bist dann auf ein Ziel fokussiert und nicht mehr in der Wahrnehmung, was gerade JETZT lebendig in dir ist. Nimmst du das Buch, legst es neben das Bett und gehst Schritt für Schritt die Stellungen durch? Das wird dir sicher nicht in den Sinn kommen. Dazu kommt, dass es einige Stellungen gibt, die könnten dir jegliche Lust auf mehr nehmen, weil sie nicht zu dir passen. Lieben im JETZT ist ein Weg, der während des Tuns im Augenblick erlebt wird! Ohne Vorstellungen, was dabei herauskommen sollte. Es ist die Hingabe an das, was gerade ist. Das Präsentsein in jedem Augenblick kann zur Erleuchtung führen – dir geht quasi ein Licht auf.

Begib dich in den Augenblick ohne Vorstellungen, dann kann es passieren, dass ihr beide völlig neue Stellungen einnehmen werdet – aus euch heraus! Wenn der Moment geachtet wird, er sein darf wie er ist, dann erfreut das eure Herzen und der ganze Körper schwingt mit. Deine Partnerin öffnet sich, wird beweglicher und biegsam.

Einige Bewegungen und die Biegsamkeit in den Stellungen erinnern oft an Übungen, die du vielleicht schon einmal im Yoga gesehen hast. Yoga und die Liebe im JETZT sind ähnlich und ergänzen einander. Doch du musst kein Yogi sein oder werden um Yoga zu machen. Was beide verbindet ist die Hingabe an den Moment über die körperliche Empfindung und Achtsamkeit.

Hast du deiner Liebsten Zeit gelassen, bist ihrer Bewegung gefolgt, hast gespürt, was in ihr lebendig ist, dann haben sich die Blockaden in ihrer Vagina gelöst. Jeder Muskel, jede Zelle kann nun loslassen und so wird sie dir in einer Weise entgegenkommen, die du so noch nicht erfahren hast.

Euren gemeinsamen ‚Beschenken' im Augenblick sind keine Grenzen gesetzt. Probiert aus, was ihr im Moment fühlt. Spürt nach, ob es euch belebt, oder eher einem alten Klischee entspricht, das ihr meint bedienen zu müssen. Die Verlockung, immer wieder das alte Muster aufzugreifen, ist stets gegeben. Frage dich immer mal wieder, warum du gerade tust, was du tust. Kommt die spontane Antwort: Weil man das so macht!, dann sei vorsichtig, das ist etwas Altes und könnte für den Moment nicht mehr zeitgemäß sein. Dies eignet sich für alle Lebensbereiche, nicht nur in der Sexualität!

Selbstbefriedigung

Addiere all deine kleinen Glücksmomente,
und du wirst erkennen, dass wir dem Glück nicht
nachzujagen brauchen, weil es rings um uns wartet.

Sergio Bambaren

Lieber Freund, liebe Freundin!

Du wolltest wissen, wie du mit dem Gefühle der Einsamkeit umgehen kannst, wenn du gerade keine Partnerin oder Partner hast und ob in der Liebe im JETZT Selbstbefriedigung erlaubt ist.

Alles was ist, ist von Gott. Also auch der Wunsch uns zu berühren und unserem Körper Gutes zu tun, auch die Selbstbefriedigung gehört dazu, wenn es das ist, was im Moment in dir lebendig ist und mein Körper berührt werden möchte.

Ich las vor einigen Jahren die Bücher 'Gespräche mit Gott'. Darin sagt Gott, dass die Sexualität das Kraftvollste ist, was wir von ihm geschenkt bekamen. Es hat mich tief berührt und ich habe lange meine Lust 'zu seiner Freude befriedigt' in Zeiten des Alleinseins. Immer wenn ich mich gestreichelt habe, habe ich mir gedacht, dass sich Gott in mir freut, dass ich mich selbst beschenke und erfreue. Klingt komisch, ich weiß, doch ich schreibe dir, wie ich es erlebt habe.

Sich zu berühren und seinem Körper lustvolle Befriedigung zu bringen, dass ist in Ordnung, doch es geht auch hier darum wach zu bleiben, ob das Verlangen nach Berührung wirklich gerade in dir lebendig ist, oder du wieder den Raum des Jetzt mit einer Phantasievorstellung füllen möchten.

Was aus meiner Sicht nicht in Ordnung ist, ist sich eine reale Person vorzustellen, die davon nichts weiß. So benutzt du das Bild eines anderen Menschen und auf einer energetischen Ebene ähnelt das einer Vergewaltigung – du nimmst dir ungefragt etwas. Es sei denn diese Person weiß davon und möchte das auch. Wenn ihr beide in der Liebe im JETZT geübt seid und im Augenblick lebendig bleiben könnt, dann ist auch eine energetische Vereinigung trotz äußerer Entfernung möglich. Voraussetzung ist, dass ihr beide das wollt. Wir stehen erst am Anfang der Erkenntnis dessen, was außerhalb von Zeit und Raum - in der Stille, der Ewigkeit - möglich ist.

Wir erleben ständig wie Telepathie funktioniert und es ist, wenn wir wach sind, so real wie vieles andere. Du schreibst mir und denkst an mich und ich spüre dich in meinem Energiefeld. Ich schreibe dir und bin in dem Moment mit dir im Gespräch, wenn du das liest. Das ist für mich real. Wir tauschen unsere Gedanken aus. Das ist pure Energie.

Wenn du dich berührst, also selbst befriedigen möchtest, dann ist es schön an diese Wärme der Vagina zu denken und ihre Bewegung zu spüren. Das darfst du nehmen. Doch lass es, an die reale Frau zu denken. Sonst bist du direkt bei ihr und das ist aus meiner Sicht nicht in Ordnung, denn sie hat dich nicht eingeladen. Dann bist du der Geist in ihrem Raum und wenn sie nicht bewusst genug ist, nimmst du ihr die Kraft. Das kann so sein, dass sie dann auch an dich denkt, obwohl sie das nicht möchte.

Das tun wir immer und wissen es nicht, dass das auch zur Achtsamkeit gehört. Du wolltest auch nicht, dass dich ein Geist besucht und ständig etwas von dir nimmt, was du nicht geben möchtest. Wir haben das alles schon erlebt, wenn jemand sehr eifersüchtig ist und ständig in unserer Energie hängt – kennst du das?

Wenn du dich streichelst, dann stelle dir einen Penis vor, doch keinen Mann dazu. Spüre deine Hände, doch achte darauf, dass du keinen Mann aus der Vergangenheit visualisierst, der dich streichelt. Es sind deine Hände, es ist Wärme und das ist schön so. Warum solltest du das nicht tun, wenn es deinem Körper gut tut. Also tue es immer dann, wenn du es möchtest. Du kochst und isst ja auch alleine für dich und manchmal kochst du eben ein festliches Essen nur für dich, wenn du alleine bist. Wenn du hungrig bist versagst du es dir ja auch nicht, nur weil niemand da ist, mit dem du gemeinsam essen könntest.

Lieber Freund!

Du hast mir aus deiner Vergangenheit erzählt und davon, wie sehr es dich verletzt hat, wenn deine Partnerin sich in deiner Gegenwart befriedigt hat. Sie tat es sogar demonstrativ mehrmals und damit fühltest du deine Männlichkeit infrage gestellt.

Es ist immer wieder traurig zu hören, wenn Mann und Frau sich im Beisein des anderen körperlich in dieser Weise befriedigen. Das klingt für mich so, als würde sich die Frau am Mann rächen. 'Da, sieh her, ich mach's mir, denn du hast ja keine Lust und bist wohl auch nicht in der Lage mich zu befriedigen.'

Du sagtest, dass wir das ja auch als junge Menschen tun, wenn wir ,Petting' haben. Das mit Petting zu vergleichen erscheint mir, als ein Versuch von dir, ihr verletzendes Verhalten abzumildern. Sie wollte dich dafür bestrafen, dass sie deine Liebe nicht spüren konnte.

Petting findet zu Beginn der Beziehung in aller Unschuld statt. Zwei Menschen wollen sich entdecken und das ist sehr schön. Sich in einer Beziehung wo schon mehr möglich ist, die Liebe bereits fließt (oder es könnte) selbst zu befriedigen hat etwas mit Rache zu tun.

Wenn einer von beiden ,nicht kann', dann gibt es die Möglichkeit eure Begegnung trotzdem für den anderen zu einem Geschenk zu machen, so haben beide etwas davon. Ihre Aussage, die Frauen bei Nachfrage immer wieder geben: ,Ich bin eben so!' zeigt, dass sie in diesem Moment keine für euch beide angenehme Lösung anstrebt. Wir verletzen mit dem, womit wir uns verletzt fühlen. Sie konnte keine Liebe von dir spüren, oder nehmen und so solltest auch du leiden. Doch letztlich war es ein Hilferuf an dich, ihr zur Sättigung zu verhelfen, sie zu lieben, ihr zu zeigen, dass du sie liebst und bei ihr bist. Sie dachte dazu müsstest du sie körperlich, also sexuell befriedigen. Doch was sie viel mehr sättigt in diesem Moment, ist, wenn du bei ihr bleibst und dich nicht verletzt zurückziehst. Sie will deine Liebe und keinen Zweifel an deiner Männlichkeit. Das sind zwei verschiedene

Bereiche. Wir möchten unser Gegenüber beschenken. Und so hat sie dich letztlich in diesen Momenten mit ihrer eigenen Verletzung beschenkt.

Schenke jedem Augenblick deine Liebe. Stimme dem zu, was lebendig ist und erliege nicht dem Wunsch, sie im Gegenzug zu verletzen. So endet der Kreislauf niemals. Um das zu können, ist es wichtig, dass du dich selbst kennen und lieben lernst!

Deine Partnerin zu lieben, heißt nicht ständig mit ihr Sex zu haben und sie körperlich zu befriedigen. Schau sie an und sei ganz präsent.

Der goldene Schuss

Das Glücksgefühl wohnt nicht im Besitz und nicht im Gold,
das Glücksgefühl ist in der Seele zu Hause.

Demokrit

Lieber Freund!

Du hast mir geschrieben, dass es deinen Penis erregt hat, als du das Buch gelesen hast und selbst jetzt, in dem Moment wo du mir schreibst, spürst du wie deine Lust wieder wächst. Du wolltest wissen, ob es erstrebenswert ist, keinen Orgasmus, eine Ejakulation zu haben. Alles kann sein, nichts muss sein! Mache dir bewusst, was geschieht und entscheide selbst, was für dich stimmig ist.

Unsere Körper sind wie feine Instrumente, die diese Schwingung aufnehmen, bevor unser Verstand sie wahrnehmen kann. Das kennst du, wenn dich eine Frau 'anmacht', dann fühlst du eine Erregung in deinem Körper, ausgelöst durch das, was zwischen euch schwingt. Das Ergebnis: Wir wollen miteinander 'schlafen'. Unser Schöpfer konnte sich nicht darauf verlassen, dass wir das 'verstehen', deshalb hat er unseren Körper so fein eingestellt, dass wir unserem körperlichen Verlangen folgen. Wir wollen uns vereinen. Das ist der unbewusste Weg.

In der Liebe im JETZT erzeugen wir diese Energie bewusst durch die Aufmerksamkeit und drehen sie um, das heißt., wir folgen nicht mehr blind dem Verlangen des Körpers, sondern steuern es duch unsere Präsenz. Wir spüren unsere Körper. Was fühlt sich wo lebendig in uns an. Darauf reagiert dein Penis. Er ist wie ein Energiemesser, der immer dann ansteigt, wenn es ,prickelnd' wird. Vielleicht hast du das auch schon einmal erlebt, wenn du in großer freudiger Aufregung warst, dass dein Penis steif wurde, auch ohne sexuellen Anlass. In der Liebe im JETZT halten wir die Energie und schwingen mit ihr. Dabei kann die Zeit stehen bleiben, denn die Zeit ist an ein Ziel gebunden und im Augenblick gibt es kein Ziel.

Es ist wie mit dem Strom. Manchmal hältst du die Spannung nicht aus und willst sie schnell abbauen. Dann masturbierst du. Wenn du dem Drang zu masturbieren nicht nachgibst, dann wird diese Energie nicht aufhören, sondern noch größer werden, länger anhalten. Wie geht das?! Atme! Atme tief ein und aus! Keine Bilder mehr. Einfach nur atmen. Das wird dir helfen, die ansteigende Energie in deinem Körper aushalten zu können.

Es ist Energie und sie wird nicht mit dem Samenerguss ‚verschossen'. Sie bleibt und steht dir zur Verfügung. Wenn du einen hohen Energielevel hast, dann ist das die Heilung für deinen Körper. Er kommt in eine höhere Schwingung und alles Dunkle wird heller. Da es diese Energie ist, die heilt, streben wir im Lieben im Jetzt keinen Orgasmus als höchstes Ziel an. Es ist die Liebe in der Begegnung, die wir anstreben und teilen möchten. Denn nur die Liebe wird mehr, wenn wir sie teilen.

Bleib bei deiner Partnerin, oder im Augenblick präsent und stirb nicht in deiner Hand. Der Mann stirbt nicht nur im Schoß einer Frau, wenn er zu schnell kommt, so ist es auch, wenn du dich selbst befriedigst.

Anfangs wird es dir vielleicht schwer fallen, deine Energie zu lenken und zu halten. Das bekannte Muster: Sex ist nur gut, wenn ihr beide einen Orgasmus habt, wird sich immer mal wieder melden und Druck verursachen. Nimm es wahr und vertraue darauf, dass es sich verändern kann und wird.

Leistungsdruck

> *Vertrauen ist eine Oase im Herzen,*
> *die von der Karawane des Denkens nie erreicht wird.*
> Khalil Gibran

Ein Brief zwischen zwei Liebenden:

Mein Liebster!

Immer wieder spüre ich, dass du 'Druck' hast, wenn wir uns treffen und dein Penis noch nicht steif ist.

Wenn ich mit dir dieses Fest teile, dann ist es nicht mein Bild, dass dein Penis aufgerichtet und hart sein muss. Ganz im Gegenteil, es kann auch bei mir zu Leistungsdruck führen, dass du meine Liebe nur spüren könntest, wenn du in jedem Fall einen Samenerguss hast.

Ich spüre deine Hände und deine Wärme. Ich messe deine Erregung und Liebe nicht am Härtegrad deines Penis. Er wird sich aufrichten, wenn die Liebe zwischen uns fließt und wenn er es nicht möchte, dann ist es auch in Ordnung - wobei ich spüre, er wird es dann nur zu gerne tun. Es wird ihm gefallen, wenn ich dich berühre und ihn liebevoll als einen Teil von dir berühre.

Sei ganz entspannt, erlebe es, dann wird es dir leicht fallen zu vertrauen. Du erkennst dann, dass jeglicher alter Leistungsdruck aufhört. Lerne - genau wie auch ich – hinzuschauen und zu staunen, wieviel Schönheit im Spiel zwischen unseren Körpern möglich ist, wenn wir die alten Vorstellungen loslassen, darüber, was geschehen müsste. Alles darf sein, wie es gerade ist.

Ich mag es auch, wenn dein Penis noch 'schläft' und es ist völlig in Ordnung. Unsere Begegnung messe ich nicht in 'Zentimeter' deines Penis, genauso wenig, wie ich die Liebe an der Länge deines Unterarms messen würde. Er ist ein Teil von dir, doch nicht ER ist dafür verantwortlich, ob ich mich von dir mit Liebe gefüllt fühle.

Du hast so viel mehr Möglichkeiten mein Herz zu berühren. Sprich mit mir, was gerade in dir lebendig ist. Berühre mich mit der Schönheit deiner Worte. Schau mir in die Augen, sieh meine Seele. Sei bei mir, sei in diesem Augenblick mit all deiner Aufmerksamkeit bei dir und mir. All das wird mich spüren lassen, wie groß deine Liebe und Freude darüber ist, dass wir einander jetzt begegnen. Dann strahlt mein Herz. Du wirst es in meinen Augen sehen und das wird auch dein Herz beruhigen. Kannst du es spüren?

Basics

Stehe der Liebe nicht mit deinen Vorstellungen im Weg.

Lieber Freund!

Du hast gelesen, wie es ein Praktizierender weiter oben beschrieb. Seine Partnerin zeigte ihm die sexuelle Begegnung durch Bewegungslosigkeit – was immer wieder als Weg des tieferen Spürens und der Achtsamkeit gewählt wird - für ihn ein aufregendes, völlig neues Erlebnis. Das war ein Beispiel. Es gibt in der Liebe im JETZT keine Pflichtübungen. Doch es gibt gewisse Rahmenbedingungen, Basics, die ein solches Fest immer voraussetzen. Diese sind:

1. sich Zeit nehmen;
2. den Körper als Geschenk, als Tempel zu sehen, in dem die Seele wohnt,
3. ihn zu pflegen und vorzubereiten;
4. das Ziel, den Partner mit Liebe zu beschenken, was voraussetzt, dass ich erkenne, was meinem Partner in diesem Moment Freude bereitet;
5. Achtsamkeit und Wachheit;
6. aufmerksamer, liebevoller Umgang miteinander.

Hormonell gesteuerten Sex kannst du überall und immer haben. Das hat mit Liebe nicht zwingend etwas tun, sondern eher mit körperlichen Trieben. Essen und Trinken gehen auch immer, doch auch das hat nichts mit einem Sternemenü oder gar ‚Abendmahl' zu tun.

Die von mir so ausgiebig beschriebene Vorbereitung und Haltung sind in der Liebe im JETZT deshalb so wichtig, weil sie den Raum bereiten, in dem die Liebe blühen kann. Denn nur wenn der Boden gut vorbereitet ist, kann die Saat der Liebe aufgehen und sich von der vollen Blüte zur reichen Ernte entfalten.

Willst du Sexualität die dich und deine Partnerin heilt, ja sogar heilig werden lässt, dann feiert ein bewusstes Fest der Liebe im JETZT. Das wird nicht durch Techniken entstehen, das kannst du nicht in alter männlicher Weise ,machen'. Es wird sich ,einstellen', wenn ihr den Raum vorbereitet, einander von Herz zu Herz begegnet und der Liebe Platz gebt in eurer Beziehung.

Noch etwas zum Schluss

Wer Menschenkenntnis besitzt, ist gut;
wer Selbsterkenntnis besitzt, ist erleuchtet.

Chinesisches Sprichwort

Liebe Freundin,

ich danke dir, dass du mir bis hierher deine Aufmerksamkeit geschenkt hast. Nun noch ein paar Gedanken und Anregungen, die ich dir zum Schluss meiner Briefe mit auf den Weg geben möchte.

Sexualität und Religion

In alten, östlichen Kulturen war die Sexualität nur den Priestern vorbehalten. Ihnen war die Kraft der schöpferischen Energie bewusst und so war es selbstverständlich, dass es besonders diejenigen mit reinen Gedanken und Interessen nutzten. Sie lernten darüber die göttliche Kraft, die Liebe, zu nehmen und diese weiterfließen zu lassen. Wenn du verletzenden Vorurteile über das, was uns Frauen von den Männern angetan wurde, heilen lässt, dann wirst du erkennen, dass hinter diesem Privileg etwas Besonderes stand.

‚Religion' bedeutet die ‚Rückbindung an etwas Größeres'. So habt ihr in der Liebe im JETZT die Möglichkeit eure Vereinigung zu einer Rückbindung an die Liebe Gottes zu erheben. In anderen Religionen wird Askese gelebt und die körperliche Energiequelle auf dieser Ebene ausgegrenzt. Sie wird als dunkel, teuflisch, schlecht und verwerflich gesehen. Frag dich einmal nach dem Grund. Könnte es nicht sein, dass die Frauen auf dem Scheiterhaufen verbrannt wurden, weil die Kirche Angst vor der großer innerer Kraft der Weiblichkeit hatte? Aus meiner Sicht war es das. Sie wollten die Kraft der Frauen vernichten und hätten damit sich selbst ausgelöscht – wie ein Krebsgeschwür, das in seiner Unwissenheit seinen Wirt zerstört. Doch die Frauen haben überlebt und sind stärker als je zuvor. Nutzen wir diese Kraft weise und gemeinsam mit dem Männlichen, das wir so sehr lieben, wie uns selbst.

Die Liebe im JETZT nutzt die Energie und die Schönheit des Körpers. Wer diese Energie einfach nur aus Glaubensgründen unterdrückt, der erlebt sie in anderer, meist schmerzlicher Form. Energie ist Energie – Liebe ist Liebe. Wer im JETZT präsent ist und lebt, der liebt das, was er geschenkt bekommt – auch den Körper und die Sexualität.

Als Königin der Nacht und König des Tages ist es letztlich das Land der Liebe, welches euch zur Regierung ans Herz gelegt wurde. Ihr seid Schöpfer und Zerstörer und jedes Wort hat die Kraft alles zu verändern, was ihr euch wünscht.

,Immer wenn zwei oder drei in meinem Namen beisammen sind, dann bin ich mitten unter euch'...

Wenn ihr in Liebe zusammen kommt dann ist sie mitten unter euch.

(K)ein Wunder

Wenn ihr einmal in dieser Weise die Liebe gekostet habt, werdet ihr es nie wieder vergessen und auch nicht mehr weniger wollen. Die alte Form der Sexualität wird euch noch weniger sättigen und der Wunsch nur noch in dieser Weise zu teilen, zu wachsen und zu feiern, wird sich letztlich durchsetzen. Alles andere wird euch wie Fast-Food im Vergleich zu einem königlichen Mahl erscheinen. Ihr könnt wählen was euch lieber ist. Warum das Kleine wählen, wenn euch das Große bereits gehört?!

Wenn ihr in dieser Weise liebt, dann wird eure Welt und alle, die darin sind, heilen! Durch euer Vorbild, euren Klang, eure Schönheit erwacht die Liebe auch im Herzen derer, die ihr berührt.

Ohne Gewähr

Ich erhebe mit dieser Darstellung keinerlei Anspruch, dass das was ich schreibe alleingültig oder gar die Wahrheit ist. Alles, was ich hier beschreibe ist das, was ich in der sexuellen Vereinigung zwischen Menschen für möglich halte. So habe ich es erlebt und du hast mich gebeten, es für dich aufzuschreiben. Ich bin diesen Weg gegangen und ich danke dem Mann dafür, der mich in dieser Weise berührt hat und mir zeigte, wie viel mehr möglich ist, wenn wir die alte Form der Sexualität verlassen.

Alle Bücher, die ich gelesen habe, waren letztlich nur ‚Gebrauchsanweisungen' für komplizierte Körperstellungen. Eine Herausforderung eine neue Stellung zu praktizieren, doch das ist nicht das Ziel in der Liebe im JETZT. Filme zeigen die äußeren Aspekte und können uns letztlich nur berühren, wenn die Liebe in uns bereits lebt. Was uns berührt ist in uns und kann bestenfalls durch die äußeren Bilder aktiviert werden. Doch die Bilder oder die Übungen alleine haben niemals die Kraft eine wahre Herzensöffnung zu erzeugen. Der Wunsch wieder ganz in der Liebe mit Allem zu sein, was gerade lebendig ist, das öffnet uns. Wir heilen von Innen nach Außen und nicht umgekehrt. Eine Stellung, beispielsweise aus dem Kamasutram bleibt nur eine akrobatische Einlage, wenn sie nicht aus der Liebe heraus entsteht.

Die Hingabe an das JETZT ist eine Rückbindung an die Liebe, die über die akrobatischen Übungen in unseren Schlafzimmern hinaus möglich ist. Wir brauchen keine andere Kultur, die uns geheimnisvoll und exotisch erscheint. Auch wir haben diese Möglichkeit und können die Sexualität mit unserem Glauben in Einklang bringen. Denn ganz egal welchem Glauben wir angehören, wir alle vermehren uns über die körperliche Liebe. Unsere Körper wissen, was ihnen gut tut und es ist an uns, ihnen zuzuhören und zu verstehen, was mit der sexuellen Vereinigung zwischen zwei Liebenden wirklich möglich ist.

Alles IST Liebe

> *Das kleinste Kapitel eigener Erfahrung ist mehr wert*
> *als Millionen fremder Erfahrungen.*
> Gotthold Ephraim Lessing

Liebe Freundin,

finde deinen eigenen, individuellen Weg zu deinem Herzen. Lerne im Jetzt zu bleiben. Wähle bewusst den Partner, den du zu deinem Fest einladen möchtest. Höre auf damit, eine Magd zu sein, denn du dienst niemandem Geringerem als der Liebe.

Ich freue mich, wenn du mir schreibst, wie du es erlebst. Lass uns die Liebe wieder in unseren Herzen fühlen und die Lichter in den Herzen anderer anzünden.

> ***Es bedarf nur einer einzigen Kerze,***
> ***um einen Raum, der in völliger Dunkelheit lag,***
> ***zu erhellen.***

So wünsche ich dir und deinem Liebsten königliche Feste der Liebe. Möge euer Land dadurch reich werden und ihr euer Volk in Güte und Liebe regieren.

Alles IST Liebe und genau das wünsche ich dir, dass du es entdeckst – nein nicht findest, denn es ist bereits da.

Deine Freundin
Eine Königin der Nacht

‚NAMASTE' - Ich verbeuge mich vor dir!
(aus dem Sanskrit sinngemäß übersetzt)

Danke an

meine Freundinnen
meine Mutter
meine Schwestern
meine Tochter
meinen Sohn

alle Männer, die meinen Körper, doch meine Seele zu selten berührten.

Ihr habt mir geholfen, immer weiter zu suchen, bis ich sie fand....

Die große Liebe in mir und in dir!

Buchempfehlungen

Barry Long, Sexuelle Liebe auf göttliche Weise
Bärbel Mohr, Sex wie auf Wolke sieben. Eine Gebrauchsanweisung
Neale Donald Walsch, Gespräche mit Gott
Ein Kurs in Wundern

Gabriele Hülsmann, geboren 1959, arbeitet seit 1990 als Heilpraktikerin, Therapeutin und Perspektivencoach in eigener Praxis im Raum Darmstadt/Dieburg. Im Einzelcoaching, in Seminaren, Vorträgen und Workshops begleitet sie Menschen auf ihren Wegen durch herausfordernde Lebensabschnitte. ‚Krisen als Chance' zu sehen, neue Beziehungsformen zu leben und die Kraft der Frauen zu wecken, das sind Schwerpunkte ihrer Arbeit.

Ihr Motto: *'Gesundheit beginnt im Denken'. Jeder hat jederzeit die Möglichkeit sein Leben so zu gestalten, wie er oder sie sein möchte.*

Information unter: www.perspekivencoach.de

www.ingramcontent.com/pod-product-compliance
Lightning Source LLC
LaVergne TN
LVHW051638080426
835511LV00016B/2378